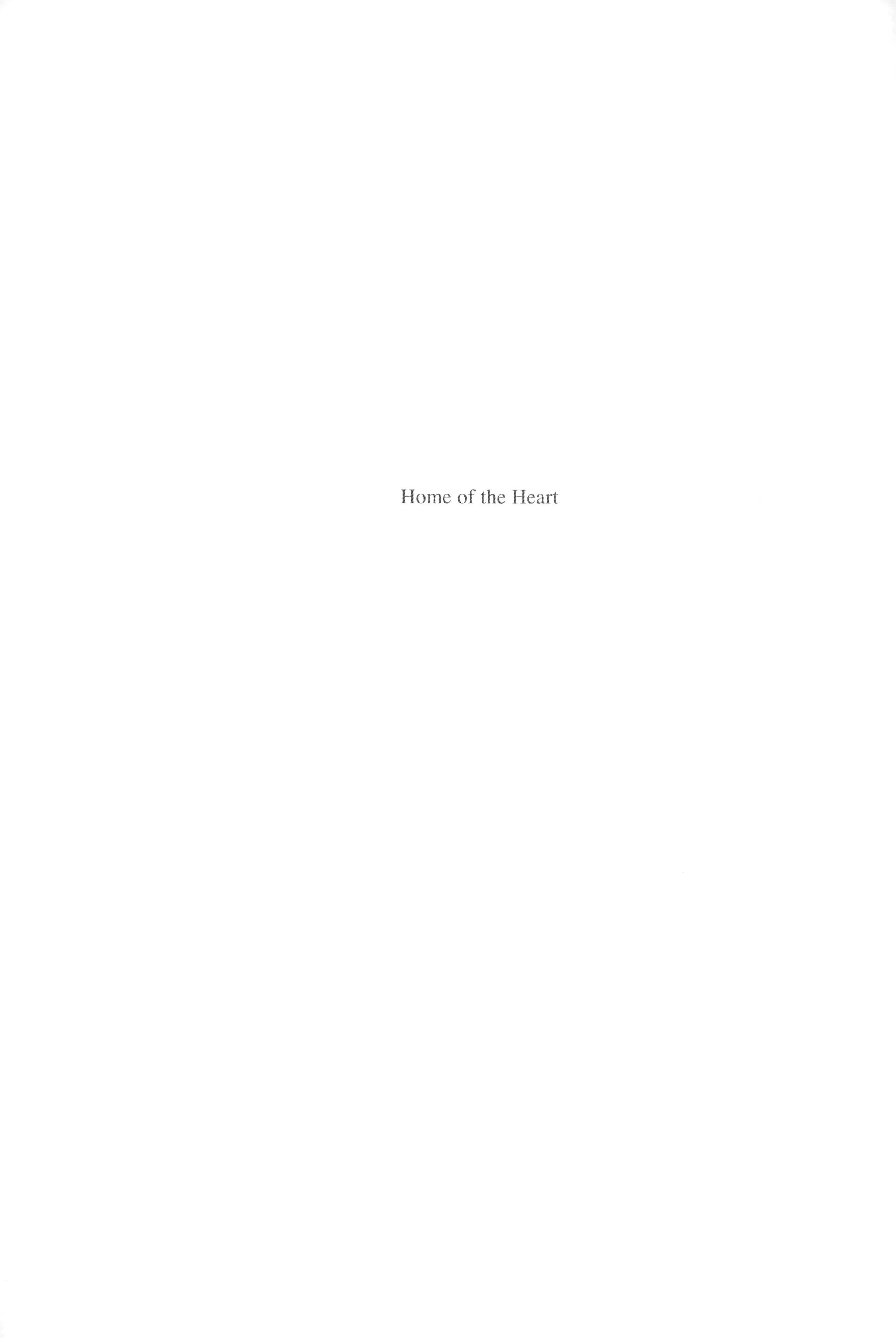

Home of the Heart

清代吉林机构及印章图录

杨川 主编

吉林出版集团股份有限公司

图书在版编目（CIP）数据

清代吉林机构及印章图录 / 杨川主编. -- 长春 ：吉林出版集团股份有限公司，2018.12
ISBN 978-7-5581-6022-6

Ⅰ. ①清… Ⅱ. ①杨… Ⅲ. ①官制－印章－吉林－清代 Ⅳ. ①D691.42

中国版本图书馆CIP数据核字(2018)第270208号

清代吉林机构及印章图录

QINGDAI JILIN JIGOU JI YINZHANG TULU

主　　编　杨　川
出版策划　孙　昶
责任编辑　郝秋月　于媛媛
责任校对　王　媛　侯　帅　杨　蕊
书籍设计　翎英文化
开　　本　889 mm × 1092 mm　1/16
字　　数　265千字
印　　张　17.5
版　　次　2018年12月第1版
印　　次　2018年12月第1次印刷
出　　版　吉林出版集团股份有限公司
（长春市人民大街4646号，邮政编码：130021）
发　　行　吉林出版集团译文图书经营有限公司
（http://shop34896900.taobao.com）
电　　话　总编办 0431-85656961　营销部 0431-85671728/85671730
印　　刷　雅昌文化（集团）有限公司印刷
书　　号　ISBN 978-7-5581-6022-6
定　　价　398.00元

印装错误请与承印厂联系　电话：0755-83366138

《清代吉林机构及印章图录》顾问

刘信君　　胡忠良

《清代吉林机构及印章图录》编委会

主　　编：杨　川

常务副主编：王　放

副 主 编：冯晓忠　赵玉洁　刘　敏

编　　委（按姓氏笔画排序）：

王心慧　王忠欢　刘丹阳

陈加荣　李秀娟　柯俊波

宣晓林　高　瑛　高彦臣

谢寅童

目　录

序 …………………………………………………………………… 1

绪　论　清代吉林机构及印章制度概述 …………………………… 3

第一章　清代吉林军府制时期机构 ……………………………… 27

第一节　将军衙门及直属机构 ………………………………… 29

一、将军衙门
二、吉林驿站
三、吉林水师营和鸟枪营
四、打牲乌拉总管衙门
五、吉林官参局
六、吉林官庄
七、吉林交涉总局

第二节　将军衙门旗属机构 ………………………………… 64

一、宁古塔副都统
二、吉林副都统
三、伯都讷副都统
四、三姓副都统
五、阿勒楚喀副都统
六、珲春副都统

第三节　将军衙门民属机构 ………………………………… 77

一、府治
二、厅治
三、州治
四、县治
五、吉林分巡道

第四节　吉林驻防 …… 105

一、吉林八旗驻防
二、吉林练军
三、吉林靖边军
四、吉字军
五、扑盗队
六、军事学堂
七、吉林机器局

第二章　清代吉林行省制时期机构 …… 143

第一节　行省公署及内设机构 …… 145

第二节　分巡兵备道 …… 163

一、西南路分巡兵备道
二、西北路分巡兵备道
三、东北路分巡兵备道
四、东南路分巡兵备道

第三节　府厅州县 …… 169

一、府治
二、厅治
三、州治
四、县治

第四节　立宪团体 …… 195

第五节　新式陆军 …… 201

一、陆军第三镇
二、陆军第二十三镇
三、吉林陆军小学堂
四、吉林军械局

第六节　吉林边务公署 …… 210

第三章　清代吉林其他各类机构简介 …………………………… 213

第一节　民政机构 ………………………………………… 215

第二节　教育文化机构 …………………………………… 224

第三节　财税机构 ………………………………………… 235

第四节　司法机构 ………………………………………… 244

第五节　实业机构 ………………………………………… 250

参考书目 ………………………………………………………… 264

Pictorial Handbook of Jilin Institutions and Seals in the Qing Dynasty

Catalogue

Preface 1

Introduction Overview of Jilin Institutions in the Qing Dynasty 3

Chapter 1 Jilin Institutions during the Reign of Qing Military Government 27

1.1 The General's Office and Attached Institutions 29

1.1.1 The General's Office

1.1.2 Jilin Post

1.1.3 Jilin Navy and Matchlock Forces

1.1.4 Dashengwula Head Office

1.1.5 Jilin Ginseng Bureau

1.1.6 Jilin Official and Royal Farms

1.1.7 Jilin Foreign Affairs Bureau

1.2 Banner Departments of the General's Office 64

1.2.1 Ningguta Vice General

1.2.2 Jilin Vice General

1.2.3 Bodune Vice General

1.2.4 Sanxing Vice General

1.2.5 Alechuka Vice General

1.2.6 Hunchun Vice General

1.3 Civil Departments of the General's Office 77

1.3.1City Administration

1.3.2County Administration

1.3.3 District Administration

1.3.4 Town Administration

1.3.5 Jilin Fenxundao Administration

1.4 Jilin Garrison Forces 105

1.4.1 Jilin Eight Banners Garrison

1.4.2 Jilin Military Training Department

1.4.3 Jilin Army of Border Peace

1.4.4 Ji Army

1.4.5 Security Force against Robbers

1.4.6 Military School

1.4.7 Jilin Machinery Bureau

Chapter 2 Jilin Institutions during the Reign of Qing Provincial Government 143

2.1 Provincial Government and Its Structure 145

2.2 Fenxun Bingbeidao Administration 163

2.2.1 Southwest Jilin Fenxun Bingbeidao Administration

2.2.2 Northwest Jilin Fenxun Bingbeidao Administration

2.2.3 Northeast Jilin Fenxun Bingbeidao Administration

2.2.4 Southeast Jilin Fenxun Bingbeidao Administration

2.3 Cities, Counties, Districts and Towns 169

2.3.1 City Administration

2.3.2 County Administration

2.3.3 District Administration

2.3.4 Town Administration

2.4 Constitutional Groups 195

2.5 The new Army 201

2.5.1 The 3rd Zhen of the Army

2.5.2 The 23rd Zhen of the Army

2.5.3 Jilin Army Primary School

2.5.4 Jilin Bureau of Ordnance

2.6 Jilin Office of Border Control 210

Chapter3 Brief Introduction to other Jilin Institutions in the Qing Dynasty 213

3.1 Institutions of Civil Affairs 215

3.2 Educational and Cultural Institutions 224

3.3 Financial and Taxation Institutions 235

3.4 Judicial Institutions 244

3.5 Industrial Institutions 250

Afterword 264

序

行政公务印章、印鉴是行政档案不可分割的组成部分，是行政机关或个人行政权力的主要凭证标志。

公务印章是人类印章文明的一个重要组成部分。人类历史长河中，全球范围内曾出现过四大印章文化，即两河流域、古埃及印章文化，古印度河流域印章文化，古代中国印章文化，古希腊、罗马印章文化。经过历史的融合、积淀，形成了今天东西方两大印章文明格局。中国是东方印章文明的主要代表，也是公务印章的世界大国。

中国印章文明源远流长，在公元前1000年左右已存在很成熟的青铜印章。中国官印制度的确立是从秦汉开始的；隋唐时期，公务印章尺寸不断加大，同时在印鉴形式上发生了突破；大量使用纸张后，印泥（油）开始被普遍使用；宋元以降，封建官僚制度高度发达，官印制度日臻完善，甚至繁复起来；到了清代达到顶峰。其流风遗韵，依然在影响今天。

清朝虽然是少数民族统治，但官僚制度包括公务印章制度基本沿用明朝，但也融入了一些鲜明的民族特色。《大清会典·礼部·铸印局》规定公务印章："凡印之别有五，一曰宝，二曰印，三曰关防，四曰图记，五曰条记。"但实际中情况要复杂得多。在尺寸、文字、印篆、印色、钤盖方位以及历史流变等方面，率皆荦荦大者，气象万千。

清朝是一个多民族的朝代，同时也是中国传统中最后一个王朝。清定鼎北京后，对东北地区采取"军府制"，在重镇要冲派八旗驻防。顺治九年（1652）

八月，清廷命梅勒章京沙尔虎达等统兵守卫宁古塔地方。顺治十年（1653）五月，晋升梅勒章京沙尔虎达为宁古塔昂邦章京。宁古塔昂邦章京的设置被视为吉林建置之始。康熙元年（1662）十一月，宁古塔昂邦章京改汉称为“镇守宁古塔等处将军”，简称“宁古塔将军”，此后宁古塔将军改称“船厂将军”“吉林将军”。吉林将军下设六城副都统，副都统及其统辖下共设置17城旗署，形成旗系管理体制，管理驻防事务和八旗事务。雍正四年（1726）十二月，吉林第一个民署机构永吉州设立，吉林境内的民系管理体制粗具雏形。旗系与民系皆一统于将军。这种旗民双重管理体制一直延续到光绪三十三年(1907)三月，清政府裁撤吉林将军，设立吉林行省，吉林“军府制”时代结束，实行“行省制”，直到清王朝灭亡。

在很长一段时间内，吉林由于采取不同于内地行省管理的方法，实施传统的“军府制”，因此，在政治制度及印章制度等方面，比较中原，独具典型的地域政治、民族文化特色。

本书将历史档案中清代吉林地方档案中公务印章印鉴与各行政机构历史相结合，左图右史，通过对历史档案与史实真实系统地记录与学术梳理，发前人所未制，启后人之所期，形成独具特色的研究成果，以印证史、补史，独具特色。对于研究清代吉林、东北地区，乃至整个清代历史政治制度、公务印章制度，以及历史印章艺术等方面提供了可贵的资料，是档案工作者回报社会、嘉惠学林的一个值得借鉴与推广的创新举措和扎实成果。

绪论 清代吉林机构及印章制度概述

清王朝对吉林的统治大致经历两个时期，即“军府制”时期和“行省制”时期。“军府制”时期可以划分为两个阶段，从清初至雍正朝以前，实行旗民一体化体制；雍正朝以后，由于民人逐渐增多，管理民人的机构随之设置，实行旗民双重体制。光绪三十三年（1907）至清末，吉林实行新政，改为与内地一样的“行省制”。

清廷定鼎北京后，对中原地区实行“行省制”，设18个行省，省以下设道、府、县。东北被视为“龙兴之地”“肇邦之地”，又是满、汉、赫哲、锡伯、鄂温克、鄂伦春、达斡尔等多民族聚居的边疆重地，有着特殊的地位。因此，清初全部裁撤明朝在东北设置的都司卫所，对东北地区采取了有别于关内“行省制”的特别之制——“军府制”，在重镇要冲派八旗驻防，将东北的故都盛京（今沈阳市）作为留都保留下来，派内大臣何洛会统率八旗镇守东北全境。顺治三年（1646）五月，称昂邦章京，晋升梅勒将军叶克书为盛京昂邦章京，颁发盛京总管印信。随着沙俄对黑龙江流域的入侵，清廷意识到，东北地域辽阔，一员总管“顾及难周”。其中，宁古塔地方（今黑龙江省海林一带）是边外“最大都会”，应设“重臣”驻守，以便直达兵部。为加强东北北部边防，有利抗击沙俄，顺治九年（1652）八月，清廷命梅勒章京沙尔虎达、甲喇章京海塔、尼噶礼三员，统兵守卫宁古塔地方。顺治十年（1653）五月初九，晋升梅勒章京沙尔虎达为宁古塔昂邦章京、海塔和尼噶礼为梅勒章京，镇守宁古塔地方，统率八旗兵驻守黑龙江、松花江、乌苏里江等流域，包括库页岛和尼布楚在内的广大地域。昂邦章京为满语，汉语称之为总管，因此有“镇守宁古塔总管”之称。宁古塔昂邦章京的设置，将东北划分为盛京、宁古塔两大军事驻防区，从此宁古塔防区成为一个独立的军事戍守区和行政区，成为同盛京相平行的一个行政区划，共同辖治东北全境。宁古塔昂邦章京的设置也成为吉林建置之始。康熙元年（1662）十一月，宁古塔昂邦章京改汉称为“镇守宁古塔等处将军”，简称“宁古塔将军”；梅勒章京改汉称，即副都统。首任宁古塔将军为沙尔虎达之子巴海。宁古塔将军是辖区内行使军事、行政和经济主权的最高长官。康熙五年（1666），宁古塔将军署迁往现黑龙江省宁安县，在牡丹江边修筑了衙署。宁古塔城离京城遥远，联系不便，加之抵御沙俄入侵及发展经济的需要，朝廷对将军驻地有了迁移的打算。当时的船厂（今吉林市）经明末清初近百年的发展，已成为柳条边外第一重镇。因明、清两朝在此造船、屯驻水军，

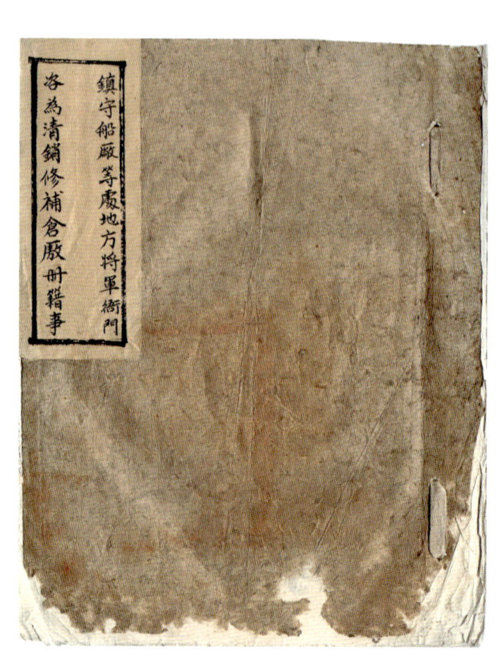

乾隆十九年（1754）镇守船厂等处地方将军衙门档案

故有船厂、船营之名。阿什哈达摩崖刻石载“钦委造船总兵官骠骑将军辽东都司都指挥使刘清，永乐十八年领军至此，洪熙元年领军至此，宣德七年领军至此”。《吉林外纪》记载：“顺治十五年，因防俄罗斯，造战船于此，名曰船厂。”此地背靠长白山，面临广袤的松嫩平原，处于松花江之滨，地理位置十分重要。长白山的很多资源，如木材、人参等特产，松嫩平原盛产的粮豆，都以此为集散地，向外地发运。正因为船厂处于这样重要的交通位置，清廷选择船厂作为宁古塔将军新驻地，“建木为城，倚江而居”，做反抗沙俄侵略的准备。康熙十五年（1676）宁古塔将军奉旨移驻船厂。宁古塔将军驻船厂后，修筑吉林乌拉城池，建置将军署和将军府。宁古塔将军驻地的变动，是清初为反击俄国入侵所采取的一项重要措施，对防御俄国入侵黑龙江流域，主持吉林地方经济开发，有着重要战略意义。自宁古塔将军署府徙驻船厂后，其地方政治、经济、交通等迅速发展，很快发展成为清初柳条边外的“大都会”和军事重镇。

宁古塔将军迁至船厂之后，仍称宁古塔将军。乾隆十五年（1750）二月十九日，谕令宁古塔将军衙门及所属部门的关防，一律改铸为“船厂”字样。船厂作为地名首次铸印在官署的印信上。“镇守宁古塔等处将军”改称为“镇守船厂等处将军”。

船厂由于“驻将军”“建木城”，再叫“船厂”似有不妥，便渐渐改称“吉林乌拉”。吉林乌拉系满语，据《吉林通志》记载：“国语吉林谓沿，乌拉谓江，其曰吉林者从汉文而省也。”后来在口语和行文中多将“乌拉”省略，简称吉林。因为“吉林乌拉”是以汉字注音的满语，200 多年来在各种史料中曾把“吉林”书写成不同的汉字，如鸡林、畿林、鸡陵、几林、吉临等。据《高宗实录》载：“经由军机大臣奏请，旨准镇守船厂等处将军印信内，汉文‘船厂’二字，改为满文‘吉林’。”乾隆二十二年（1757）二月二十三日，“镇守船厂等处将军”改为“镇守吉林等处将军”。这样，将军一职所冠地名，与将军驻地相一致，遂简称“吉林将军”。从此，官私文献一律称之“镇守吉林等处将军”。“吉林”二字正式见于印信，“吉林”二字不再是一个城邑的称谓，而是东北一个行政区域的代号。清末，受关内行省制的影响，吉林将军在给清廷的文件中代称自辖区域为“吉省”，清廷各衙门给吉林的咨文中也约定俗成地称“吉省”。吉林将军一职，到光绪朝

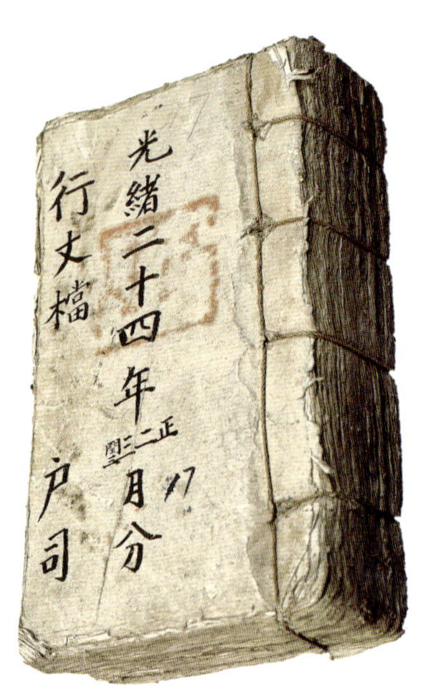

光绪二十四年（1898）吉林将军衙门户司行文档，记录了当时吉林的财政状况

长顺将军时，全称为“钦命头品顶戴督办边防事宜镇守吉林等处地方将军兼理打牲乌拉拣选官员等事恩特赫巴图鲁”。光绪三十三年（1907），随着清政府对东北地区管理体制和地方官制的改革，设立吉林省，吉林将军退出历史舞台。

吉林将军镇守制共延续254年，吉林将军一职，共历92任（包括署任、实授）。从乾隆二十二年（1757）吉林将军正式定称，到光绪三十三年（1907年）裁撤将军，设置吉林行省止，共存续150年，吉林将军更迭61人次。

吉林将军是清代吉林等处地方最高军事长官，其职权不同于一般意义上的地方军队将领。特别是北部边疆地区，因不设总督、巡抚一套地方行政官员，驻防将军遂成为一省最高长官，其职权也较一般直省将军为重。吉林将军在辖境内负有“掌镇守吉林乌拉等处地方缮固镇戍，绥和军民，秩祀山川，辑宁边境”的职责，以“军府之规”，行“旗民之治”。驻防八旗受治于将军，将军直达兵部。同时，又综理境内各级民署。将军一职相似于内地行省的总督，但其地位和职能又重于总督。吉林将军，秩从一品，除具有各省驻防将军一般职能，又有其特殊职责。一是整饬武备；二是属下官员的考核、引见；三是辖区内流民、遣犯的管理；四是兼管采贡事宜；五是兼理民事，吉林地区实行军府管理体制，一切钱粮杂税的征收与诉讼命盗案件的审理上报等民事均须将军衙门统理；六是秩祀山川，东北

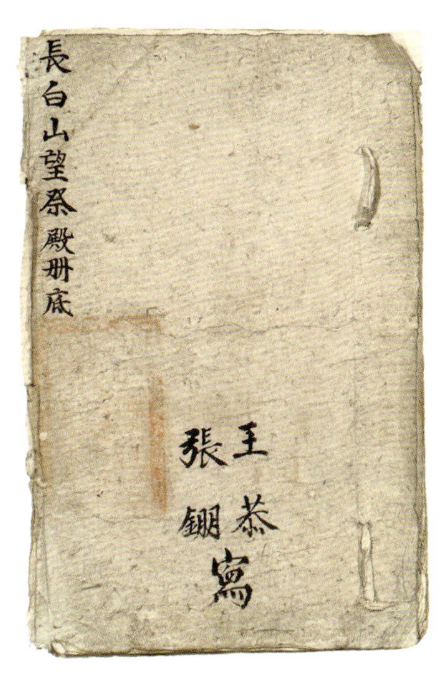

道光十四年（1834）吉林工司修缮长白山望祭殿需用工料银两预算册底

地区在清统治者的眼里是一块神圣的土地，是其发祥地，吉林境内的长白山被清廷尊为“神山”，祀典如“五岳”，先后在吉林修建两处祭祀地点，每岁春秋两季由吉林将军率属下文武百官代为望祭。

吉林地区地方辽阔，因而在将军之下设置副都统，协助将军率八旗驻防镇守险要地方。副都统是仅次于将军的重要官员，其任免权由皇帝和兵部、吏部决定，其权利和执掌与将军相类，甚至可以参奏将军。顺治十年（1653）五月，在宁古塔首设昂邦章京的时候，一并添设梅勒章京二员，与昂邦章京同城驻防，首开吉林境内副都统专城驻防的历史。吉林将军境内，先后添设六员副都统，即吉林副都统、宁古塔副都统、伯都讷副都统、阿勒楚喀副都统、三姓副都统、珲春副都统，分驻六城，通称清代吉林六城副都统。又，吉林境内之打牲乌拉，于顺治初年设协领 2 员，另设总管 1 员，专司采捕诸业。至乾隆十三年（1748），以其在吉林境内，遂归吉林将军统辖。

吉林自设置始，一切刑名词讼皆由将军衙署处理，随着民人增多，旗民之间的纠纷不断，雍正四年（1726）十二月，第一个管理民人事务的民署机构永吉州在吉林乌拉设立，随后在宁古塔城设立泰宁县（1729 年裁），在伯都讷设立长宁县（1736 年裁），皆隶奉天府。乾隆十二年（1747）永吉州改为吉林厅，划归宁

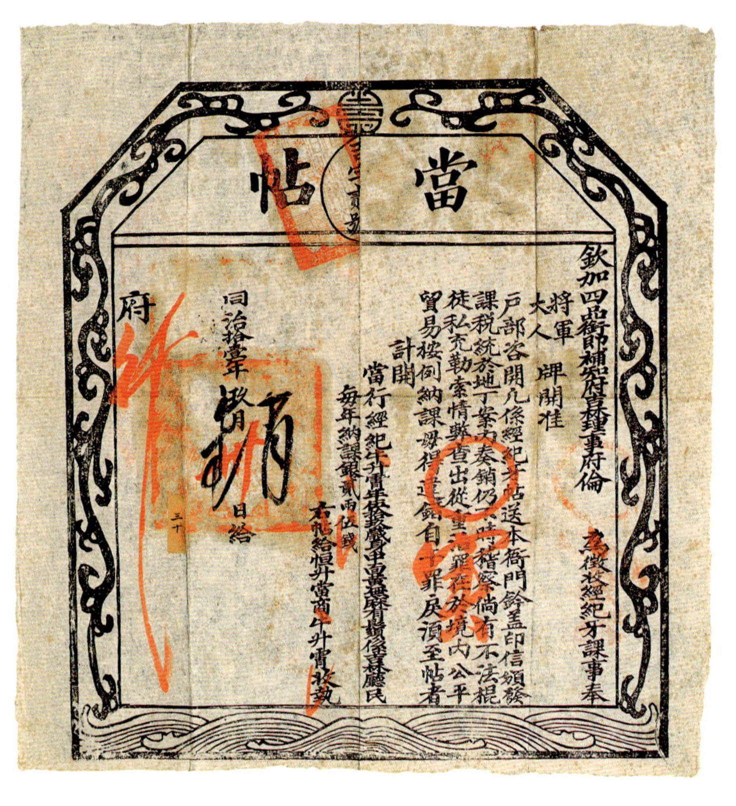
當帖

欽加四品銜補用府吉林理事府倫　為徵收經紀牙課事奉

将軍

大人　牌開准

戶部咨開凡係經紀之[illegible]送本衙門鈐蓋印信頒發

課稅統於地丁案內奏銷仍不時稽察倘有不法棍

徒私充勒索情弊查出從重治罪在於境內公平

貿易按例納課毋得違[illegible]自干罪戾須至帖者

計開

當行經紀牛升霄年[illegible]歲身中面[illegible]係吉林廳民

每年納課銀貳兩伍錢

右帖給恒升當商牛升霄收執

同治拾壹年[illegible]日給

府

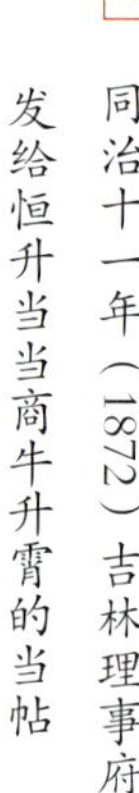
同治十一年（1872）吉林理事府发给恒升当当商牛升霄的当帖

古塔将军管辖。嘉庆五年（1800）长春厅设置；嘉庆十五年（1810）伯都讷厅设置，吉林境内的民系管理体制粗具雏形。到光绪八年（1882）吉林全境设立 8 个府厅州县。民署增加、民户增多，与旗人交错杂处，旗人与民户之间的纠纷和词讼日益增多，在这种形势下，光绪八年（1882） 五月二十日，添设吉林分巡道。吉林分巡道署驻吉林城（今吉林市），设吏、户、礼、兵、刑、工六科房，隶于吉林将军。

随着吉林地方逐渐开禁、甲午战争和义和团运动的爆发以及清廷建置实边政策的实施，吉林境内的民人户口急剧增加，吉林地方先后出现三次建置高潮，到光绪三十二年（1906），吉林将军辖境计有 4 府、5 厅、2 州、5 县。

光绪三十三年（1907）三月初八，清政府发布政令，宣布改革东北地区管理体制和地方官制，裁撤盛京、吉林、黑龙江将军，设立奉天、吉林、黑龙江三行省，改盛京将军为东三省总督兼理三省将军事务，随时分驻三省行台，商同各巡抚办理一切事务。至此，吉林的“军府制”时代结束，正式使用吉林省称，吉林省在历史上正式诞生。宣统元年（1909）四月十五日奉旨，尽裁六城副都统，至此，结束了吉林将军境内六城副都统驻防 256 年的历史，旗系管理体制彻底解体。

□ 光绪三十二年（1906）吉林巡警总局绘制的吉林省城关图

光绪三十三年（1907）五月，吉林行省先行开用清廷礼部刊刻的木质“吉林省之关防”，是为历史上第一颗镌有“吉林省”三字的省印。光绪三十四年（1908）正月十九，根据清朝规制，清政府礼部铸发“光字第142号”银质印信，“吉林省印”正式启用。

吉林行省的最高行政长官为吉林巡抚，首任吉林巡抚朱家宝，对全省负有“监理官税、管理厘金、掌理监政、监临乡试”的职责，用兵时监理粮饷。吉林巡抚加副都统衔，亦有分理旗务之责。

吉林行省公署设有度支司、交涉司、民政司、提学司、提法司、劝业道、旗务处、文案处等办事机构。度支司管理财政；交涉司专办对外交涉事务；民政司管理警政、自治、府厅以下官员升迁调补事宜；提学司掌理教育；提法司掌理民事、刑事案件，监督各级审判厅、

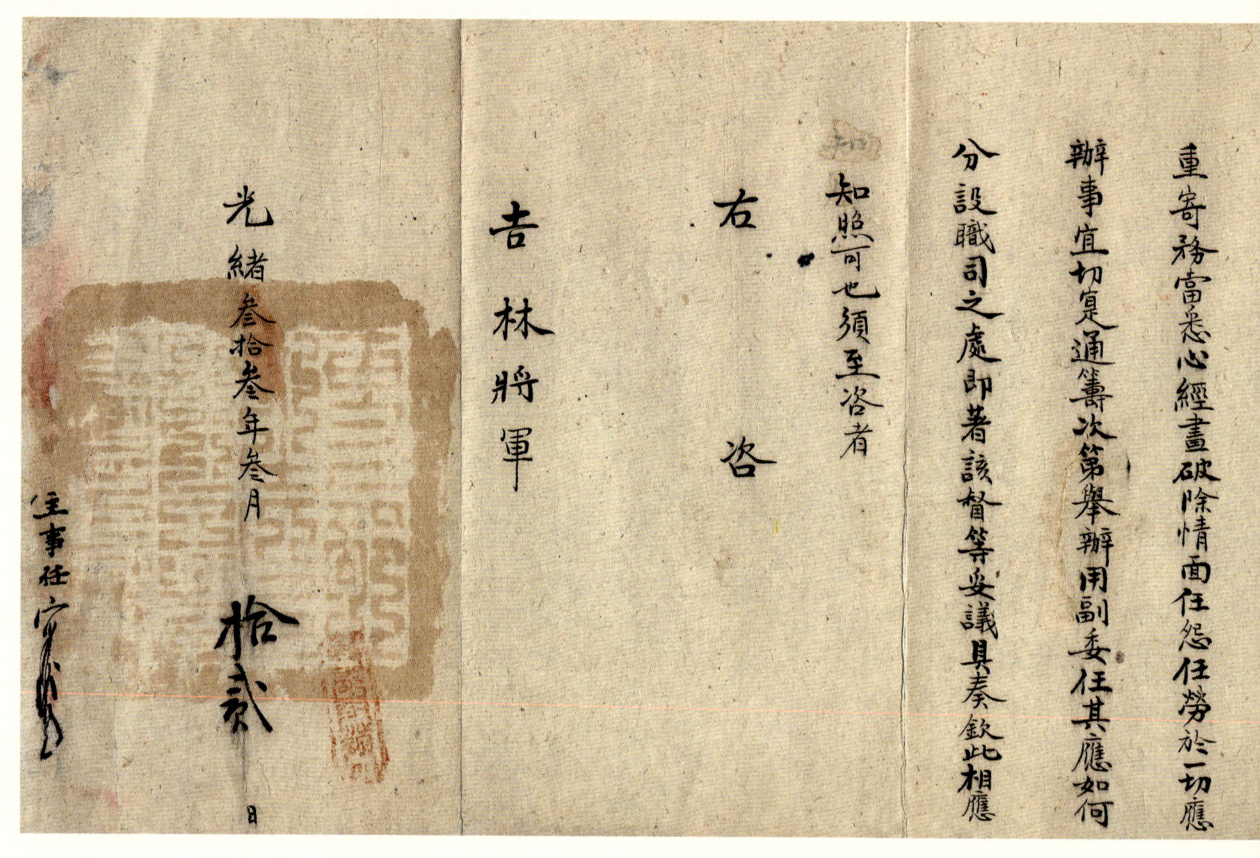
重寄務當悉心經畫破除情面任怨任勞於一切應
辦事宜切實通籌次第舉辦用副委任其應如何
分設職司之處即著該督等妥議具奏欽此相應
知照可也須至咨者
右　咨
吉林將軍
光緒叁拾叁年叁月拾貳日
主事任

光绪三十三年（1907）吏部为东三省改设巡抚的咨文

發民案房

咨

光緒三十三年三月廿四日

光緒三十三年　月　日

吏部爲知照事光緒三十三年三月初九日由內閣

抄出光緒三十三年三月初八日內閣奉

上諭東三省吏治因循民生困苦亟應認真整頓以除

積弊而專責成盛京將軍著改爲東三省總督兼

管三省將軍事務隨時分駐三省行臺奉天吉林黑

龍江各設巡撫一缺以資治理徐世昌著補授東三省總

督兼管三省將軍事務並授爲欽差大臣奉天巡撫

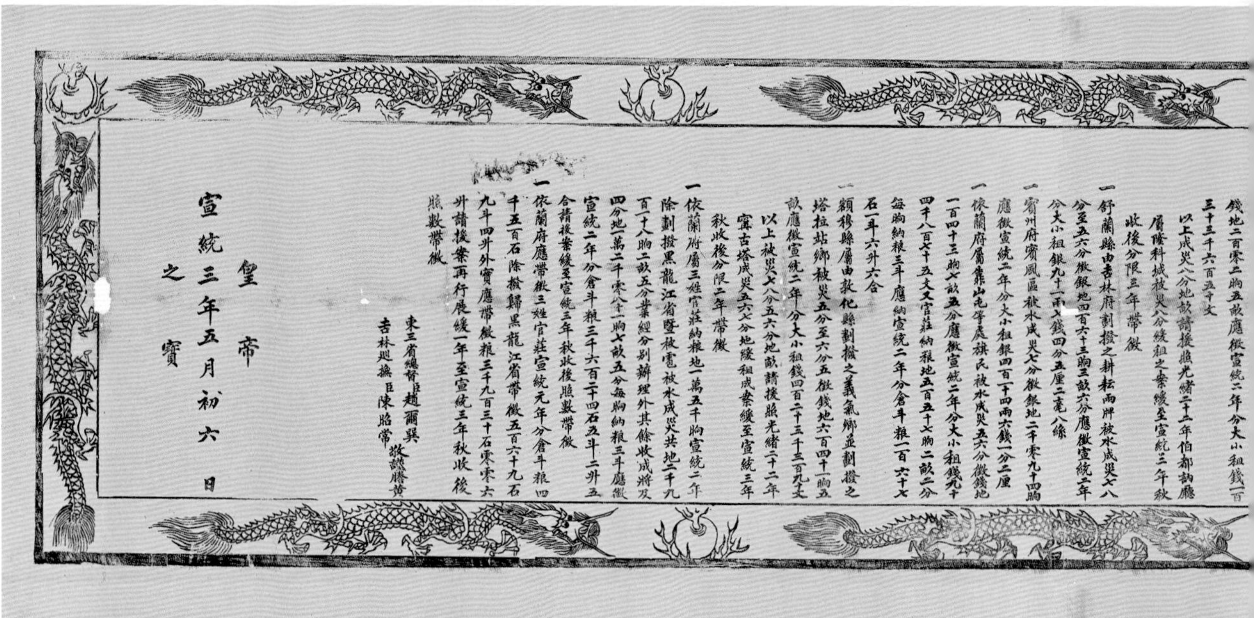

錢地二百零二晌五畝應徵宣統二年分大小租錢一百
三十三千六百五十文
以上成災八分地畝請援照光緒二十三年伯都訥廳
屬隆科城被災八分緩租之案緩至宣統三年秋
收後分限三年帶徵
一舒蘭縣由吉林府劃撥之耕耘兩牌被水成災七八
分至五六分徵銀地四百六十三晌三畝六分應徵宣統二年
分大小租銀九十一兩八錢四分五釐二毫八絲
一賓州府賓鳳區被水成災七分徵銀地二千零九十四晌
應徵宣統二年分大小租銀四百一十四兩六錢一分二釐
一依蘭府屬靠山屯等處旗民被水成災五六分徵錢地
一百四十三晌七畝五分應徵宣統二年分大小租錢九十
四千八百七十五文又官莊納糧地五百五十七晌二畝二分
每晌納糧三斗應納宣統二年分倉斗糧一百六十七
石一斗六升六合
一額穆縣屬由敦化縣劃撥之義氣鄉並劃撥之
塔拉站鄉被災五分至六分五徵錢地六百四十一晌五
畝應徵宣統二年分大小租錢四百二十五千三百九十文
以上被災七八分五六分地畝請援照光緒二十二年
寧古塔成災五六七分地緩租成案緩至宣統三年
秋收後分限二年帶徵
一依蘭府屬三姓官莊納糧地一萬五千晌宣統二年
除劃撥黑龍江省暨被雹被水成災共地二千九
百一十八晌二畝五分業經分別辦理外其餘收成將及
四分地一萬二千零八十一晌七畝五分每晌納糧三斗應徵
宣統二年分倉斗糧三千六百二十四石五斗二升五
合請援案緩至宣統三年秋收後照數帶徵
一依蘭府應帶徵三姓官莊宣統元年分倉斗糧四
千五百石除撥歸黑龍江省帶徵五百六十九石
九斗四升外實應帶徵糧三千九百三十石零零六
升請援案再行展緩一年至宣統三年秋收後
照數帶徵

東三省總督臣趙爾巽
吉林巡撫臣陳昭常
敬謄黄

皇帝
宣統三年五月初六日
之寶

宣统三年（1911）东三省总督、吉林巡抚刊行的誊黄

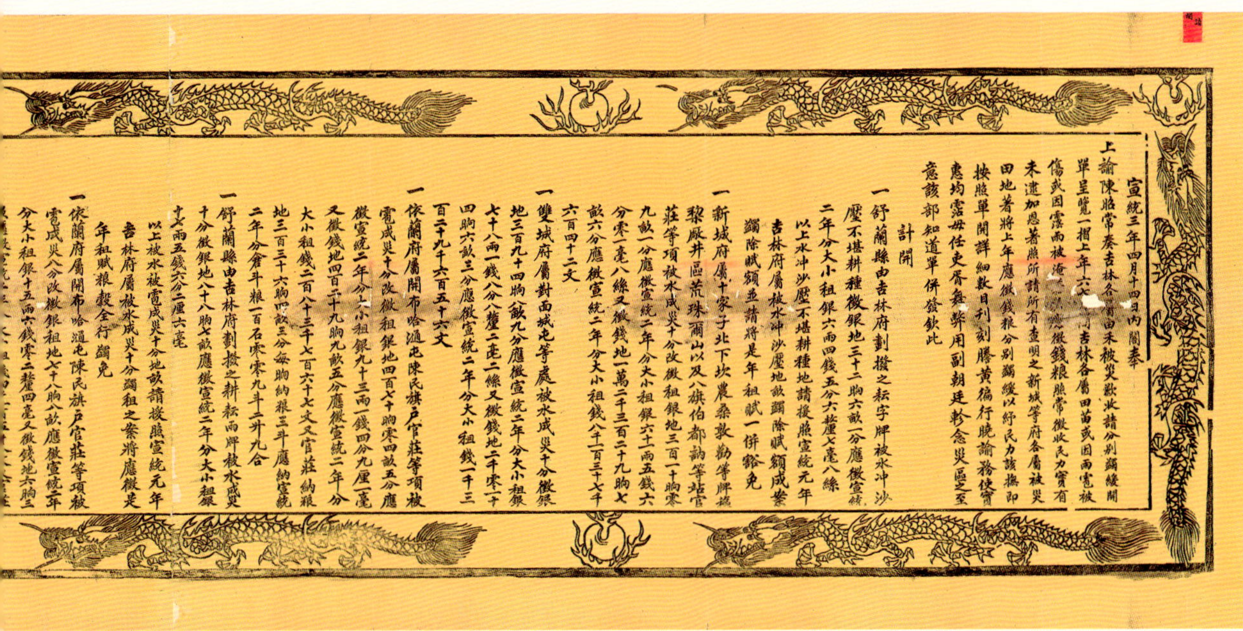

宣統三年四月十四日內閣奉
上諭陳昭常奏吉林各屬田禾被災歉收請分別蠲緩開
單呈覽一摺上年六七月間吉林各屬田苗或因雨雹被
傷或因霪雨被淹[illegible]徵錢糧照常徵收民力實有
未逮加恩著照所請所有查明之新城等府各屬被災
田地著將上年應徵錢糧分別蠲緩以紓民力該撫即
按照單開詳細數目刊刻謄黃徧行曉諭務使實
惠均霑毋任吏胥舞弊用副朝廷軫念災區之至
意該部知道單併發欽此
計開
一舒蘭縣由吉林府劃撥之耘字牌被水冲沙
壓不堪耕種徵銀地三十二晌六畝一分應徵宣統
二年分大小租銀六兩四錢五分六釐七毫八絲
以上水冲沙壓不堪耕種地請援照宣統元年
吉林府屬被水冲沙壓地畝蠲除賦額成案
蠲除賦額並請將是年租賦一併豁免
一新城府屬十家子北下坎農桑敦勸等牌並
黎厰井區荒珠爾山以及八旗伯都訥等站官
莊等項被水成災十分改徵租銀地三百一十晌零
九畝一分應徵宣統二年分大小租銀六十一兩五錢六
分零一毫八絲又徵錢地一萬二千三百二十九晌七
畝六分應徵宣統二年分大小租錢八千一百三十七千
六百四十二文
一雙城府屬對面城屯等處被水成災十分徵銀
地三百九十四晌八畝九分應徵宣統二年分大小租銀
七十八兩一錢八分八釐二毫二絲又徵錢地二千零一十
四晌六畝三分應徵宣統二年分大小租錢一千三
百二十九千六百五十六文
一依蘭府屬開布哈通屯陳氏旗戶官莊等項被
雹成災十分改徵租銀地四百七十晌零四畝五分應
徵宣統二年分大小租銀九十三兩一錢四分九釐一毫
又徵錢地四百二十九晌九畝五分應徵宣統二年分
大小租錢二百八十三千七百六十七文又官莊納糧
地三百三十六晌四畝三分每晌納糧三斗應納宣統
二年分倉斗糧一百石零零九斗二升九合
一舒蘭縣由吉林府劃撥之耕耘兩牌被水成災
十分徵銀地八十八晌七畝應徵宣統二年分大小租銀
十七兩五錢六分二釐六毫
以上被水被雹成災十分地畝請援照宣統元年
吉林府屬被水成災十分蠲租之案將應徵是
年租賦糧穀全行蠲免
一依蘭府屬開布哈通屯陳氏旗戶官莊等項被
雹成災八分改徵銀租地七十八晌八畝應徵宣統二年
分大小租銀十五兩六錢零二釐四毫又徵錢地六晌三

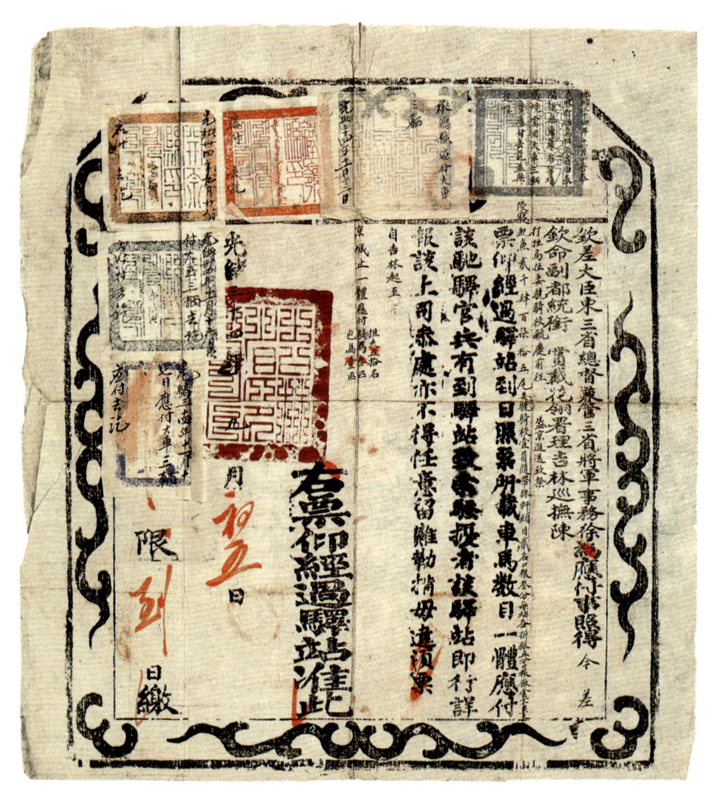

欽差大臣東三省總督兼管三省將軍事務徐 為應付事照得
欽命副都統銜賞戴花翎署理吉林巡撫陳
票仰經過驛站到日照票內載車馬數目一體應付
該驛官兵有到驛站敢索擾者該驛站即行詳
報該上司參處亦不得任意留難勒掯毋違須票
右票仰經過驛站准此
限 日繳

盖有途经各县印章的勘票

检查厅及监狱，主理司法行政事务；劝业道管理农工商交通事务；旗务处统辖全省八旗事务；文案处总理公署文案事宜。在行省公署之外设高等审判厅、检察厅，以理刑名诉讼。

光绪三十三年（1907）建立吉林行省后至宣统三年（1911），全省新添 2 府、2 州、3 厅、14 县，改设 5 府、2 厅、1 州，全省府、厅、州、县共计 37 个。

宣统三年（1911），辛亥革命爆发，清王朝退出了历史舞台。1912 年 3 月 15 日，中华民国临时大总统发布命令，裁撤东三省总督和吉林、黑龙江巡抚，沿设东北三省，吉林行省公署改组为吉林都督府。

清代吉林各级各类机构在行使职能过程中形成大量公文，印章是公文不可分割的一部分。钤印作为公文拟办过程之一，体现了政府官方的权威认可。

中国的印章产生于商周时期，最初商人为封缄货物，在货物的封泥上加盖印章。

到了秦代，开始在公文上钤盖印章，中国公务印章制度由此确立，不同等级官员（衙门）在印章材质、印文专用名词、尺寸台纽、印绶制度等方面开始有了区别与特权。隋唐前后诞生了官司印，即机构印。机构印的出现，使公务印章的尺寸日渐变大，携带收贮方式也由官员佩戴变成机构存放收藏。同时，由于公务印章体积增大，出于印文充满、印面美观需要，出现叠篆现象。同时印鉴的钤押形式也发生了变化，印章开始直接钤印在文件上，水印（印油）法随之出现。宋元以降，随着封建官僚制度的发达，官印制度也日臻完善，至清代达到顶峰。

《大清会典・礼部・铸印局》记载："凡印之别有五，一曰宝，二曰印，三曰关防，四曰图记，五曰条记。"印为正方形，分银质、铜质；关防为长方形，有银质、铜质和木质三种，印和关防的应用范围比较广泛；图记有铜质、有木质，颁给八旗佐领等官员使用；钤记（条记的一种形式）为长方形，主要颁给地位较低的官署及其官员使用，均为木质。印章用篆主要集中在尚方大篆、柳叶篆、尚方小篆、殳篆、钟鼎篆、垂露篆、悬针篆等，图记、条记多用隶书或楷书，以满汉合璧为主，部分印章中部刻有满文印章刊刻时间。印章的印色基本为红色，遇国丧，天下官衙机关在二十七日内悉用蓝色印鉴，外省以敕谕到日开始计算。

清代公务印章管理制度十分严格。官印由中央统一管理、颁铸，由礼部统一铸造颁发，由兵部驿站递送到地方各衙门。新印颁发，旧印要及时缴销。印钥印

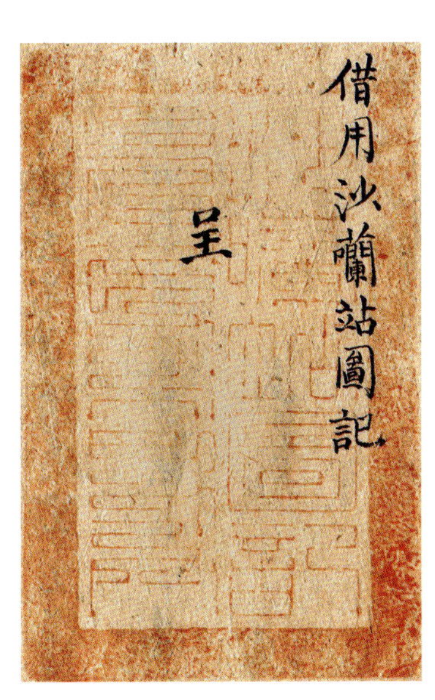

光绪二年（1876）宁古台站呈文借用沙兰站图记

牌制度非常严格。一般公务印章有专门地方保管，值房内设人全天值守，用印要凭批准文书领印牌、印钥，取印时印牌押在值房，用毕还印后，取回印牌交差。将军、巡抚等有监印官，每用一印，其旁必加监印官衔名戳。道光二十二年（1842）吉林将军印被盗。吉林将军印一向贮存在将军衙门印库，其印钥由将军佩戴，由于印务主事用印后没有及时将印封锁入库，导致被窃。此后，吉林将军改将印信存在自己的将军寓所，用印时拟轮派印务主事一员，笔帖式二员监视，并将每天用印文书在号簿内详细注明件数，盖印为凭。在印章未刻好之前，还有借用印信的情况。

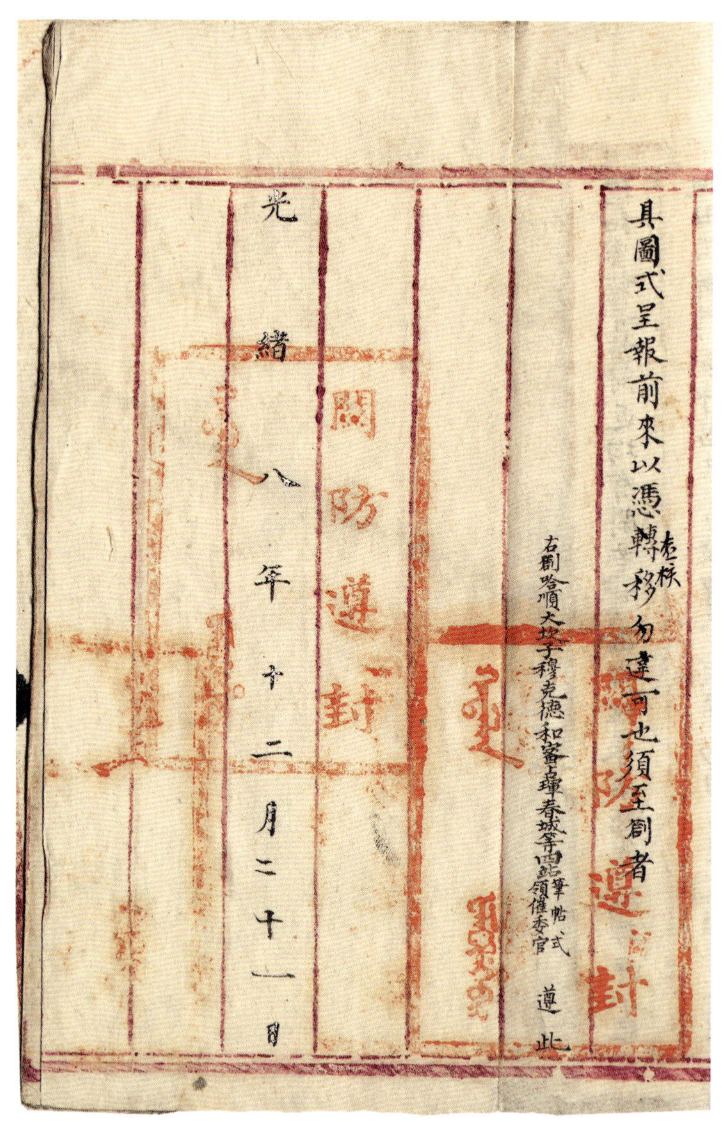
具圖式呈報前來以憑查核轉移勿違可也須至劄者

右劄咨順大坛子穆克德和富璋春城等四路筆帖式領催委官 遵此

光緒八年十二月二十一日

关防遵封

光绪八年（1882）关防处札文盖有『关防遵封』字样

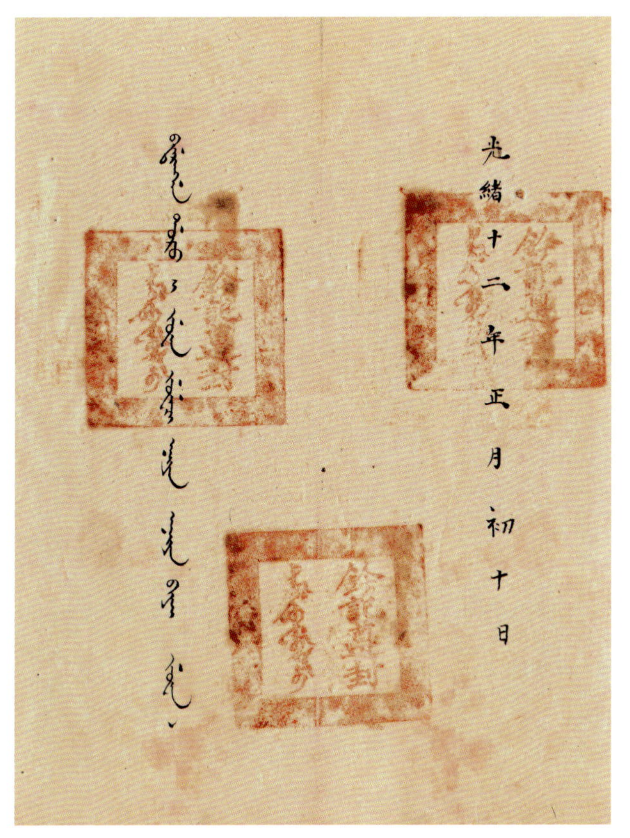

□ 光绪十二年（1886）伊通佐领呈文盖有『钤记遵封』字样

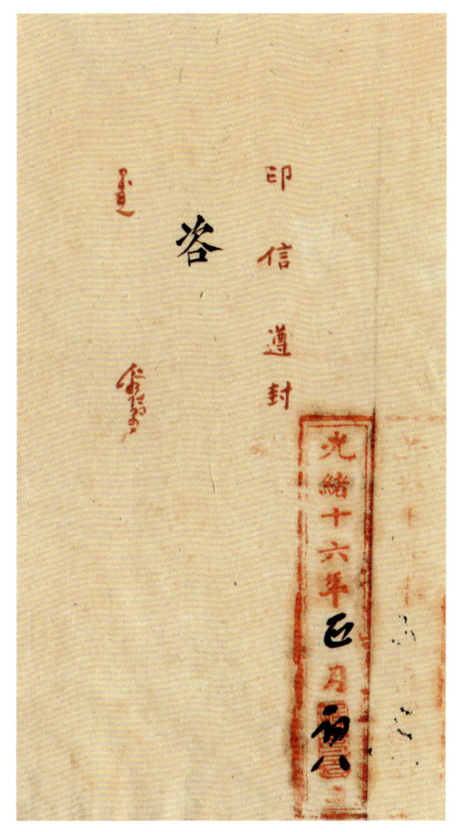

□ 光绪十六年（1890）伯都讷副都统咨文盖有『印信遵封』字样

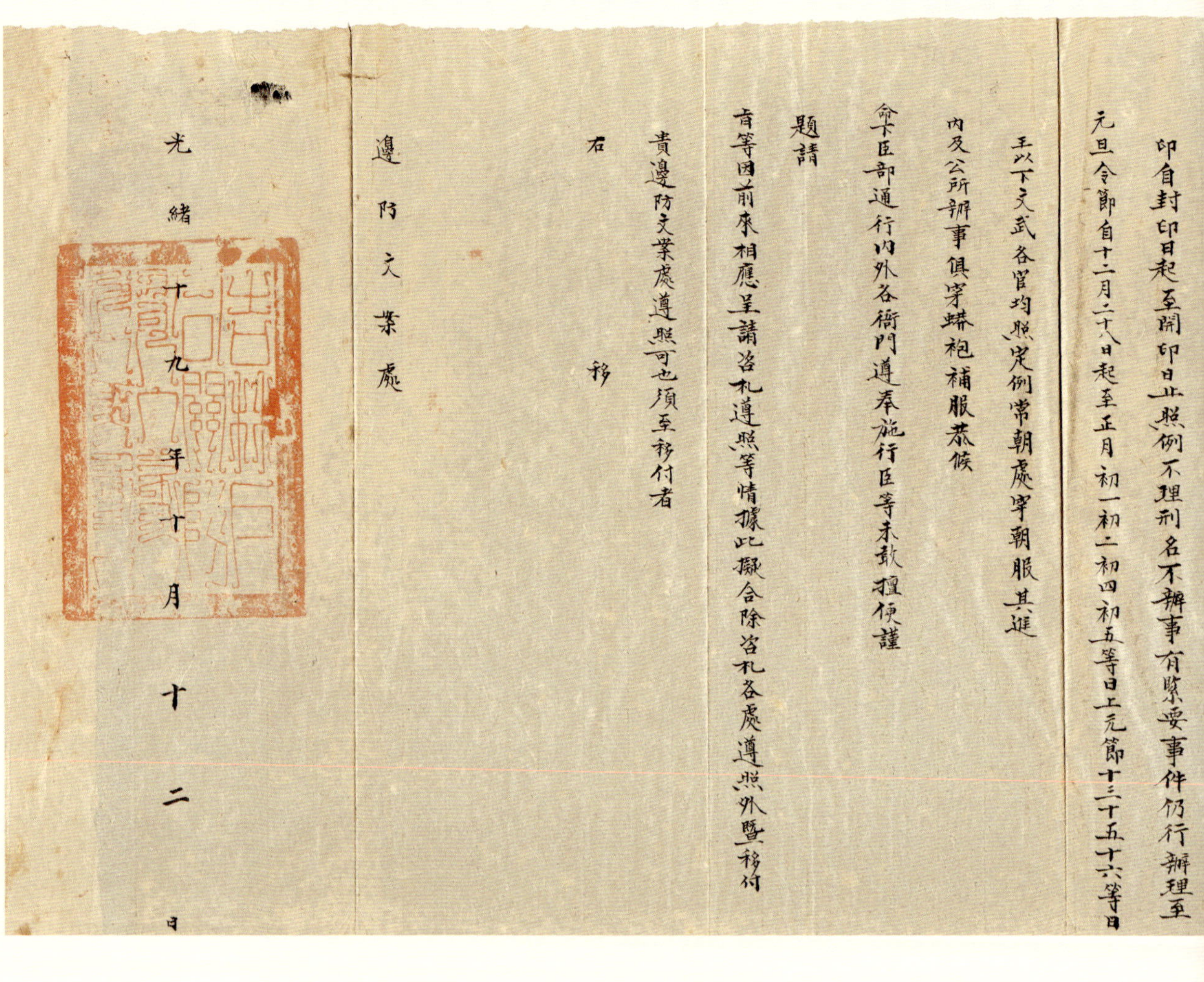

印自封印日起至開印日止照例不理刑名不辦事有緊要事件仍行辦理至
元旦令節自十二月二十八日起至正月初一初二初四初五等日上元節十三十五十六等日
王以下文武各官均照定例常朝處穿朝服其進
内及公所辦事俱穿蟒袍補服恭候
命下臣部通行内外各衙門遵奉施行臣等未敢擅便謹
題請
旨等因前來相應呈請咨札遵照等情據此擬合除咨札各處遵照外暨移付
貴邊防文案處遵照可也須至移付者
右　移
邊防文案處
光緒十九年十月十二日

光绪十九（1893）吉林户司为本年封印暨明年开印日期的移文

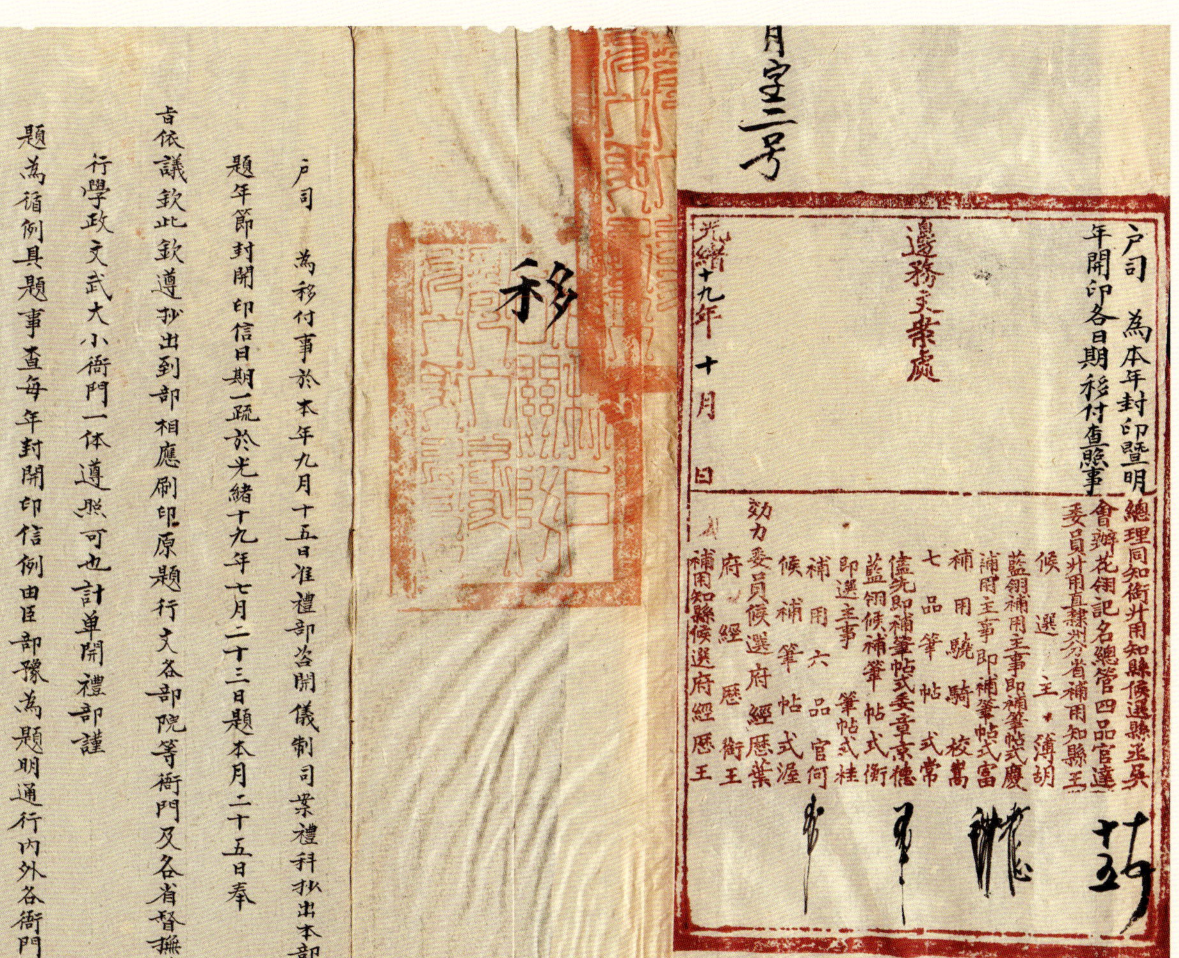

月字二号

户司 為本年封印暨明年開印各日期移付查照事

邊務文案處

光緒十九年十月 日

總理同知銜升用知縣候選縣丞吳
會辦花翎記名總管四品官達
委員升用直隸州分省補用知縣王
候選主簿胡
藍翎補用主事即補筆帖式慶
補用主事即補筆帖式富
補用驍騎校萬
七品筆帖式常
儘先即補筆帖式委章京德
藍翎候補筆帖式衛
即選主事筆帖式桂
補用六品官何
候補筆帖式渥
効力委員候選府經歷葉
府經歷銜王
補用知縣候選府經歷王

移

户司 為移付事於本年九月十五日准禮部咨開儀制司案禮科抄出本部具
題年節封閉印信日期一疏於光緒十九年七月二十三日題本月二十五日奉
旨依議欽此欽遵抄出到部相應刷印原題行文各部院等衙門及各省督撫轉
行學政文武大小衙門一体遵照可也計单開禮部謹
題為循例具題事查每年封開印信例由臣部豫為題明通行内外各衙門轉

……本年十二月二十一日己巳宜用辰時封印

清朝实行“封印”制度，每年农历十二月二十日前后从中央到地方各级官署皆行封印礼，次年正月二十日前后，行开印礼。封开日期钦天监奏定，礼部通行各衙门知道。封印期间如遇公务需要用印，加盖“印信遵封”“关防遵封”“钤记遵封”等。

公务印章在公文上的钤盖也有严格的规定。一是押尾印，在文尾具文时间处齐年盖月押盖；二是骑缝印，即在两页公文之间押印。钤盖方法有三种：一是正盖，主要用于完整的文书接页或簿册接页之间，以防散失；二是斜盖，两页上各留一角；三是开面印，即在文书的开面正中稍上方钤盖。除了公文上用印外，在公文袋、信封等文件装具上也使用印章。

憲牌

牌飭事光緒八年十一月初一日准
吏部咨開文選司案呈內閣抄出督辦寧古塔等處事宜太僕寺卿吳大澂奏稱查有候選訓導歲貢生胡傳宅心純正識
力俱堅平日講求經世之學於邊土風俗山川地方利弊瞭如指掌不務空言論其學問志向有體有用實足為
國家幹濟時艱不僅備一方牧令之選現在吉林邊務事多創始又當添設民官需材孔亟之時若拘於資格則人才湮沒而弗彰臣亦不
能辭蔽賢之咎合無仰懇
天恩俯念邊才難得准將候選訓導胡傳以知縣留於吉林遇有相當缺出由將軍銘 酌量奏補似於邊圉地方不無裨益等因於光緒八
年九月十五日內閣奉
上諭吳大澂奏特保賢才懇恩破格擢用一摺候選訓導胡傳著以知縣留於吉林酌量補用該部知道欽此欽遵抄出到部查胡傳安徽
歲貢由就職訓導欽奉
特旨以知縣留於吉林補用應行赴部引
見相應知照該大臣給咨該員令其赴部引
見俟領照到省後再行按班序補除咨督辦寧古塔等處事宜太僕寺卿吳 查照外相應知照可也等因准此合行飭知為
此牌仰該道官吏文到即便知照須牌

右仰吉林道 遵此

光緒八年十一月

將軍

限 日繳

光绪八年（1882）吉林将军任命胡传为吉林补用知县的宪牌

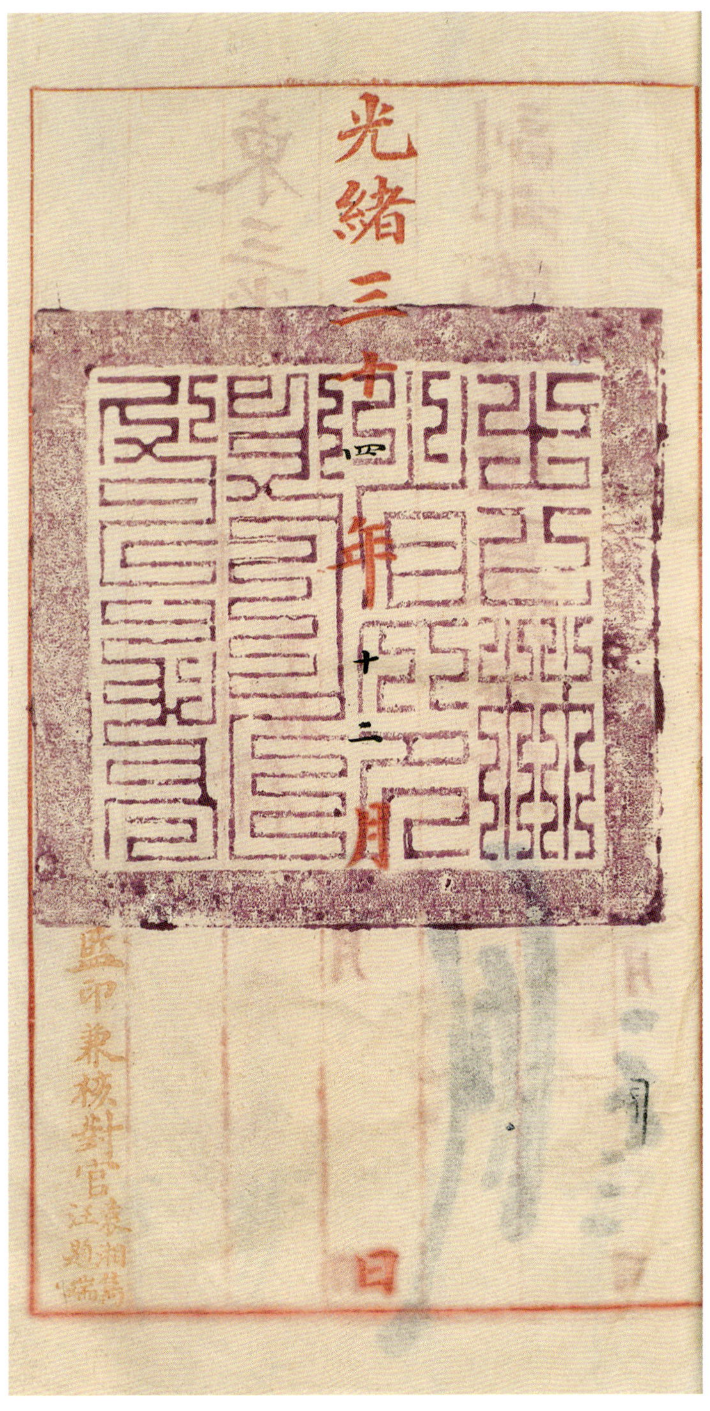

□ 标准的押尾印并标有监印官核对官姓名

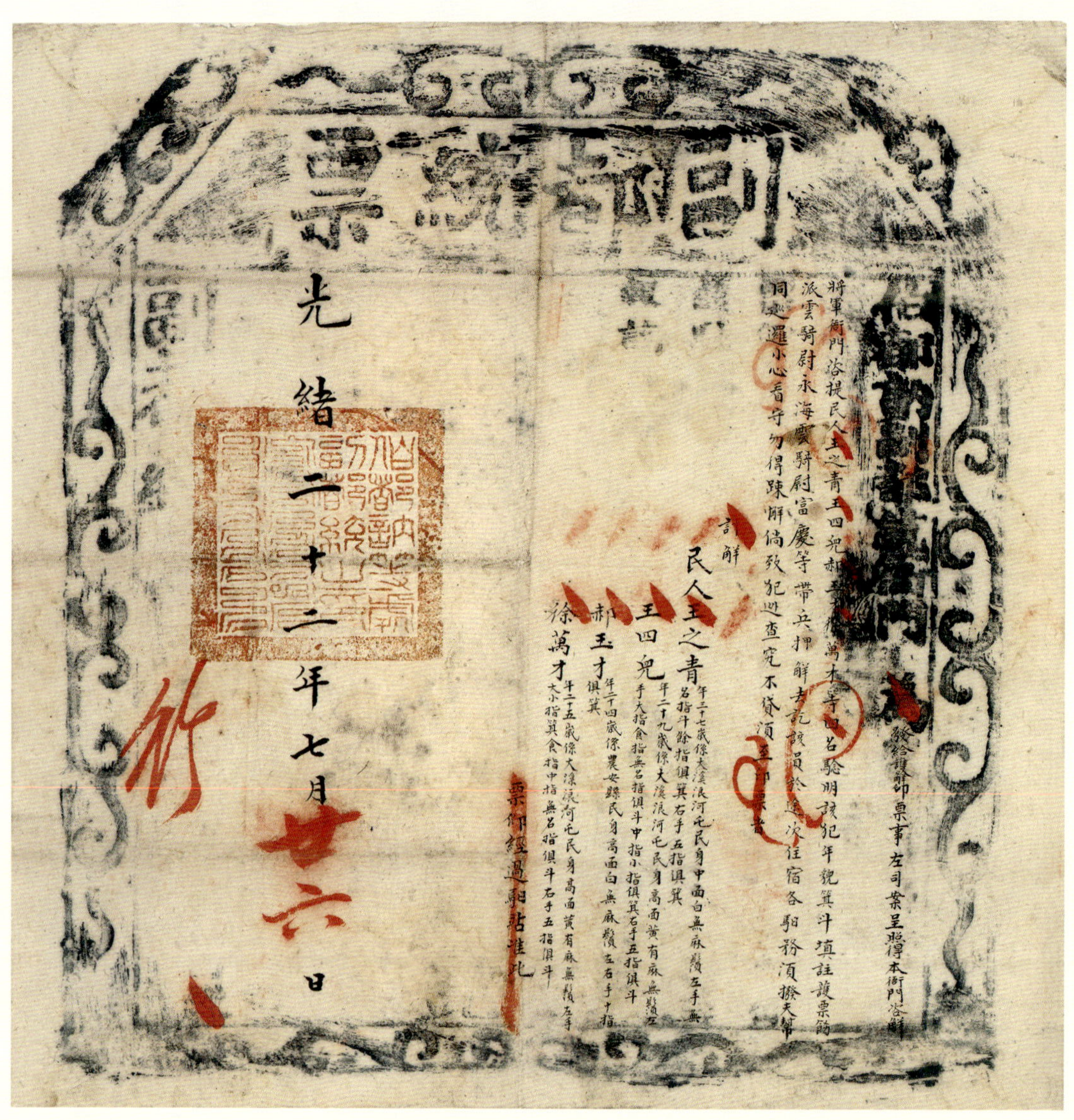

副都統票

發給護解印票事　左司案呈照得本衙門咨解
將軍衙門咨提民人王之青王四兒郝玉才徐萬才等四名驗明該犯年貌箕斗填註護票飭
派雲騎尉永海雲騎尉富慶等帶兵押解去訖該員於途次住宿各驛務須撥夫幫
同巡邏小心看守勿得疎懈倘致犯逃查究不貸須至印票者

計解
民人王之青　年三十七歲係大淩浪河屯民身中面白無麻鬚左手無名指斗餘指俱箕右手五指俱箕
王四兒　年二十九歲係大淩浪河屯民身高面黃有麻無鬚左手大指食指無名指俱斗中指小指俱箕右手五指俱斗
郝玉才　年二十四歲係農安縣民身高面白無麻鬚左右手十指俱箕
徐萬才　年二十五歲係大淩浪河屯民身高面黃有麻無鬚左手大小指箕食指中指無名指俱斗右手五指俱斗

票仰經過驛站准此

光緒二十二年七月廿六日

光绪二十二年（1896）伯都讷副都统票

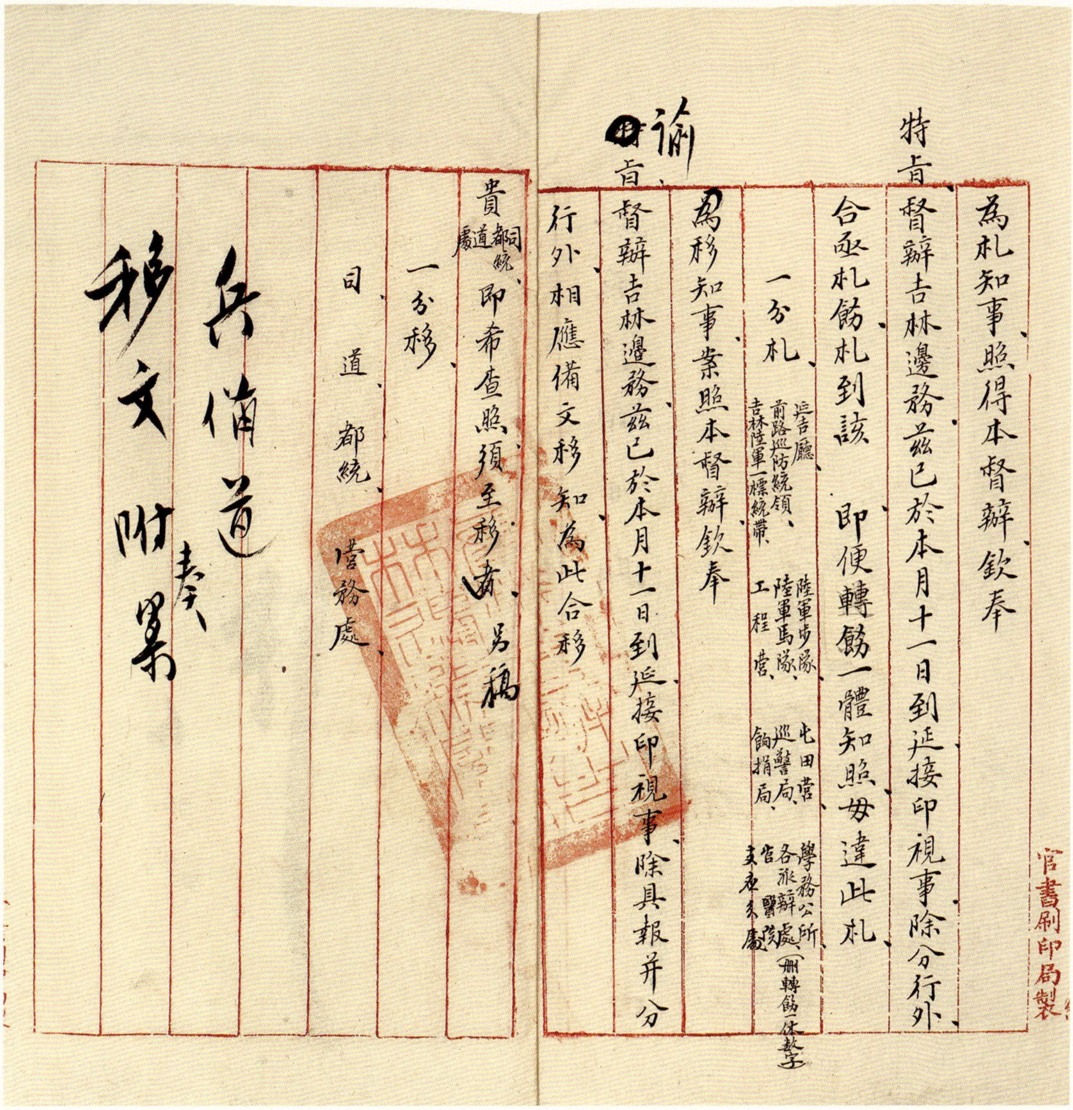

為札知事照得本督辦欽奉
特旨督辦吉林邊務茲已於本月十一日到延接印視事除分行外
合亟札飭札到該 即便轉飭一體知照毋違此札

一分札 延吉廳 前路巡防統領 吉林陸軍一標統帶 陸軍步隊 陸軍馬隊 工程營 屯田營 巡警局 餉捐局 學務公所 各派辦處

官書刷印局製

為移知事案照本督辦欽奉
諭旨督辦吉林邊務茲已於本月十一日到延接印視事除具報并分
行外相應備文移知為此合移
貴都統 司道處 即希查照須至移者 另稿

一分移 司道 都統 營務處

兵備道
移文附奏

斜盖的骑缝印

[illegible]肉二十一塊

肋條肉二十一塊

腦尖肉二十一塊以上交內房子

年終大車進送

箭桿八千根

鵰翎八千副以上交武備院

楊木箭桿四百根

白樺木箭桿四百根以上交毡庫

鹿尾三十一盤

鰉魚四尾以上交內房子

赤柏松木長鎗踃十六根

赤柏松木彎鎗踃八根

虎鎗桿四十根以上交甲庫

柳木長鎗踃十六根

柳木彎鎗踃八根以上交鞍庫

楓樺木箭桿二百根

椴木箭桿二百根

老鸛眼木彎鎗踃二根以上交毡庫

樺木彎鎗踃二根

椴蔴鎗繩五十盤以上交御鳥鎗處

加寬樺木彎鎗踃十六根交鞍庫

以上二十一宗擬請奏明停進

光绪三十年（1904）果子楼年例应进贡品清单上盖有骑缝印

光緒　年四月初八日

粘單

謹將菓子樓年例應進　貢物數目及應交處所分晰列摺

計開

年終大事進送

安春香四百束 由崇文門稅關交

山梨紅一百觔

山梨一百觔

蘋梨十觔

松塔三百個 以上交菓房

稗子米六斛

鈴鐺米三斛

山韮菜二十觔

寒葱二十觔 以上交膳房

山猪二口

山雞一百隻

白魚一百八十尾

鯽魚一百尾 以上交內房子

以上十三宗請即飭辦照舊進送

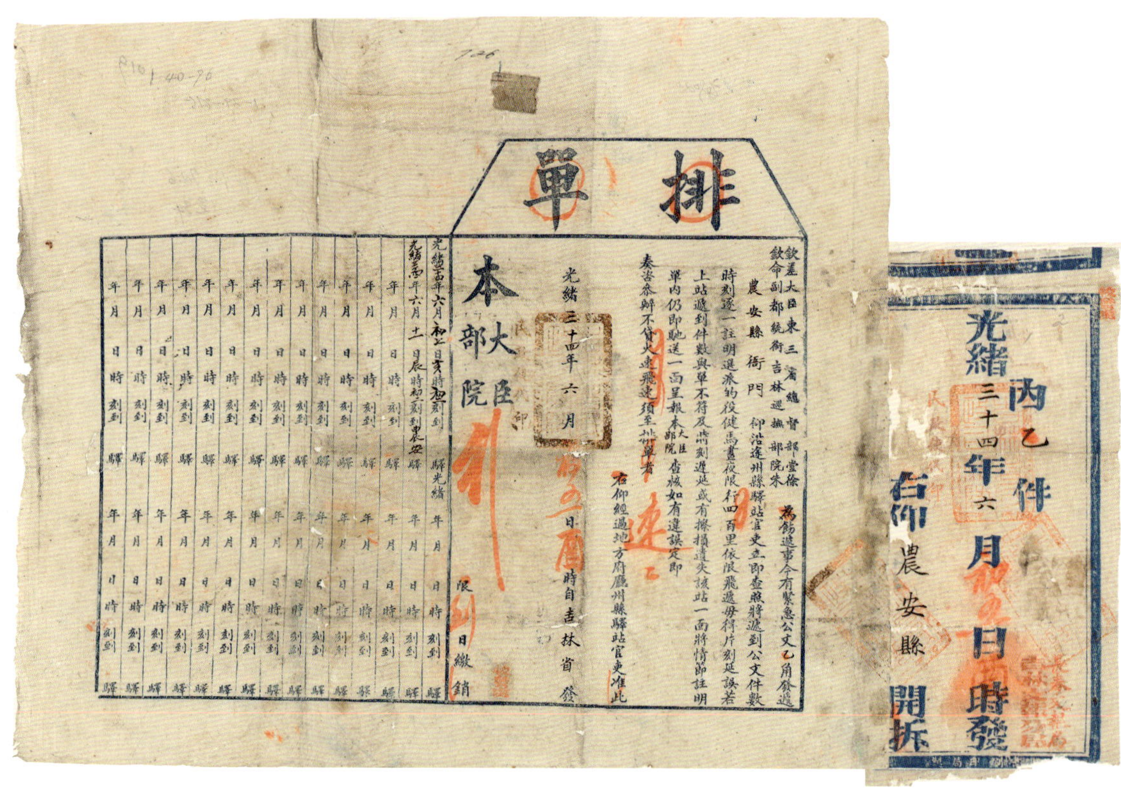
排單

欽差大臣東三省總督部堂徐
欽命副都統銜吉林巡撫部院朱 為飭遞事今有緊急公文乙角發遞
農安縣衙門 仰沿途州縣驛站官吏立即查照將遞到公文件數
時刻逐一註明選派的役健馬晝夜限行四百里依限飛遞毋得片刻延誤若
上站遞到件數與單不符及時刻遲延或有擦損遺失該站一面將情節註明
單內仍即馳送一面呈報本大臣部院查核如有違誤定即
奏咨參辦不貸火速飛速須至排單者
右仰經過地方府廳州縣驛站官吏准此
光緒三十四年六月 日 時自吉林省發
本大臣部院 限 日繳銷

光绪三十四年（1908）吉林巡抚发农安县排单

第一章 清代吉林军府制时期机构

第一节 将军衙门及直属机构

将军衙门是清代吉林全境最高首脑机关，康熙十五年（1676）宁古塔将军移驻船厂（今吉林市），建将军署于上仪街北，临松花江畔。乾隆十五年（1750）改称“镇守船厂等处将军”，乾隆二十二年（1757）二月改称“吉林将军”。将军衙门下设印务处、户司 、兵司、承办处、工司、刑司六大机构。另设官参局，直领驿站监督关防处、吉林水师营、鸟枪营、前锋营等，兼领打牲乌拉总管衙门。

印章名称：镇守宁古塔等处将军印
印章尺寸：10 cm×10 cm
用印日期：乾隆元年（1736）
印文类型：满汉合璧

此項用過銀拾肆兩貳錢貳分貳重陸毫

衙門大門內踊路鋪板朽爛湊長肆尺捌寸寬柒尺用長柒尺伍寸寬壹尺貳寸厚貳

寸板肆塊每塊價銀壹錢肆分計價銀伍錢陸分錠鋪板用長伍寸釘拾陸個計重貳觔計

價銀壹錢肆分用木匠貳分伍重工計工銀叁分伍重

此項用過銀柒錢叁分伍重

小北門西邊城墻傾圮長貳拾玖丈基寬伍尺頂寬貳尺伍寸高壹丈長壹丈每丈刨挖運

土用壯夫伍工叁分壹重叁毫築打用夯夫肆工陸分捌重柒毫計用壯夫夯夫貳百玖拾工

計工銀貳拾玖兩壓墻頂每丈用長柒尺寬壹尺厚貳寸包皮板伍塊計用板壹百肆拾伍

塊每塊價銀叁分計價銀肆兩叁錢伍分運板用車捌輛計脚銀貳錢肆分鉅鮮板片用木

印章名称：镇守船厂等处将军印

印章尺寸：10.5 cm×10.5 cm

用印日期：乾隆二十年（1755）

印文类型：满汉合璧

印章名称：镇守吉林等处将军印
印章尺寸：10.5 cm×10.5 cm
用印日期：光绪十六年（1890）
印文类型：满汉合璧

一、将军衙门

印务处(印房) 为将军办理一切公牍之所。掌将军印钥的启闭,起草掌奏稿件,诸如皇帝、皇太后“万寿”的正副表文,进送贡品的清单,“恭叩”元旦;各司、参局、民署应奏应题事件呈稿;缮写、拜发、朱批的包封保管等。附设满档房、汉档房、印库。

户　司 设立于顺治十年(1653),掌理财政出纳,官兵俸禄,协饷,旗赋,公仓、义仓、官庄粮石的存贮等,并代替将军衙门办理有关全省财政事务,承转上下级及财政方面的文件,代吉林将军草拟财政方面文件。附有银库、粮饷处、果子楼等。

吉林果子楼是清代吉林向朝廷筹进贡品的专门机构,其成立时间不详,于民国元年(1912)九月裁撤。初始果子楼隶属于吉林将军衙门户司,光绪三十三年(1907)吉林改设行省后,隶属于吉林全省旗务处。吉林果子楼主要职能为吉林将军衙门采办、催收、加工、贮存和向朝廷进送贡品,并负责贡山贡场的巡查管理。果子楼设协领衔总理1员,笔帖式、委官、书记、差役等办事人员。果子

印章名称:吉林印务处兼督催所之关防
印章尺寸:9.5 cm×6 cm
用印日期:光绪三十三年(1907)
印文类型:满汉合璧

楼无专用关防，签发文书俱系借用关防。

兵　司　设立于顺治十年（1653），其主要职能是代替吉林将军办理军务，包括驻防各军官员委任、兵丁招募、奖励抚恤；购置装备器械、发放军饷；驻防、调防、演练、设卡、会哨、接仗等军事活动；承转上下级关于涉及军务方面的文书，代吉林将军草拟军务方面的文件；管理旗务和邮驿等。附有军器库、绵甲库。

工　司　掌土木工程，维修长白山殿宇、松花江神庙以及廨署、城垣。

刑　司　掌旗民诉讼，缉扑贼盗，审处违犯围场例者，向刑部造报各种表册，负责狱房管理。

承办处　办理将军署内具体事宜，兼办涉外事宜。

印章名称：吉林户司关防
印章尺寸：9.5 cm×6 cm
用印日期：光绪二十四年（1898）
印文类型：满汉合璧

印章名称：吉林兵司关防
印章尺寸：9.5 cm×6 cm
用印日期：光绪十四年（1888）
印文类型：满汉合璧

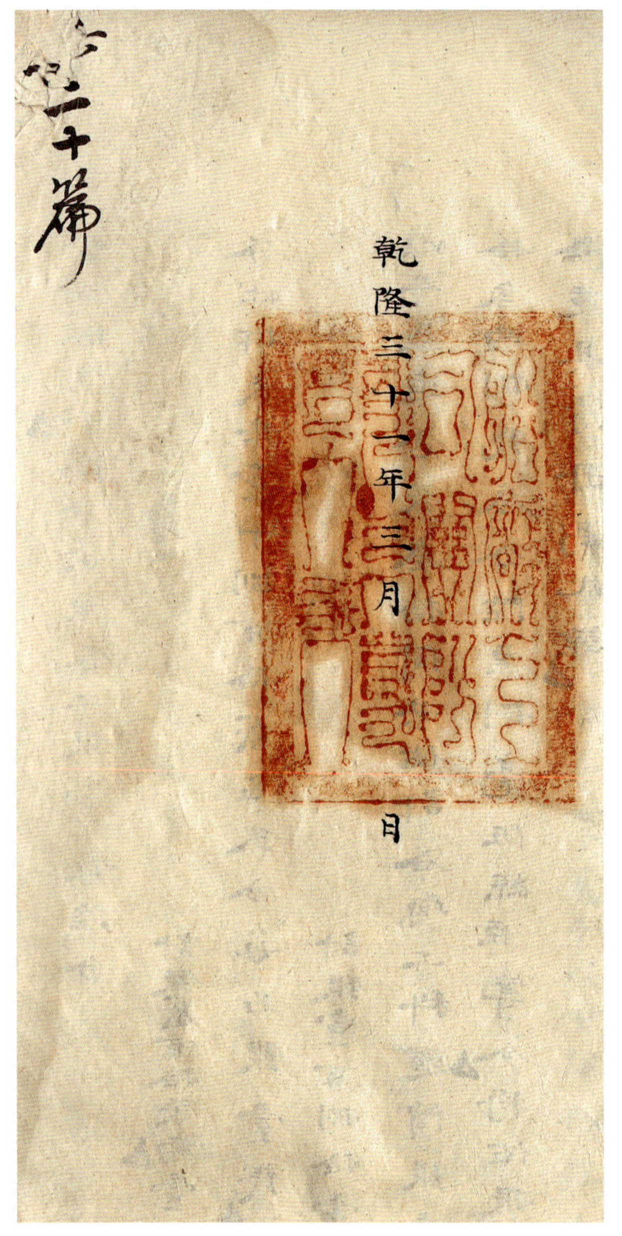

印章名称：船厂工司关防
印章尺寸：9.5 cm×6 cm
用印日期：乾隆三十一年（1766）
印文类型：满汉合璧

印章名称：吉林工司关防
印章尺寸：9.5 cm×6 cm
用印日期：同治七年（1868）
印文类型：满汉合璧

印章名称：吉林刑司关防
印章尺寸：9.5cm×6cm
用印日期：光绪十九年（1893）
印文类型：满汉合璧

二、吉林驿站

清代吉林驿站设立于顺治年间，是传递公文、接送过往官员食宿、换乘车马的处所，此外护送贡品、领取俸饷、解送犯人等也常常使用驿站。吉林地区各驿路干线，早期以宁古塔为中心，将军移治吉林乌拉城后，改以吉林乌拉为中心向四方辐射，与盛京将军、黑龙江将军有干道连接，与所属的各副都统驻地声讯相通，驿站星布及于边陲。据统计，吉林地区先后开辟了 7 条线路，共设正、分驿站 52 站，站丁 1480 名，马、牛各相当于额丁之数目。康熙三年（1664）添设驿站监督关防处，设驿站监督六品官 1 员，康熙二十五年（1686）又增添 1 员。总站设在吉林城郊

印章名称：管乌拉等站监督之关防
印章尺寸：9 cm×6 cm
用印日期：道光六年（1826）
印文类型：满汉合璧

东十里的尼什哈站（即乌拉站），分设西路、北路两个监督关防处。全省形成了以尼什哈站为中心，经奉天、山海关通京城的西路驿道，通宁古塔的东路驿道，经伯都讷通黑龙江的北路驿道；由北路的登伊勒哲库站，通拉林城、阿勒楚喀城、五常厅的东北路驿道，形成了纵横交错、四通八达的驿邮网络。

西路驿站监督关防处 颁“管乌拉等站监督之关防”，管理西路、东路两条驿道。关防处监督驻额穆赫索罗总站（今敦化市境内），西路驿道设9站，东路驿道设20站。

西路（至奉天）驿站有尼什哈站、乌拉站、蒐登站、伊勒们站、苏瓦延站、伊巴丹站、阿勒坦额墨勒站、赫尔苏站、叶赫站、蒙古和罗站。

印章名称：乌拉站图记
印章尺寸：8 cm×5 cm
用印日期：咸丰四年（1854）
印文类型：满汉合璧

印章名称：蒐登站图记
印章尺寸：8 cm×5 cm
用印日期：咸丰四年（1854）
印文类型：满汉合璧

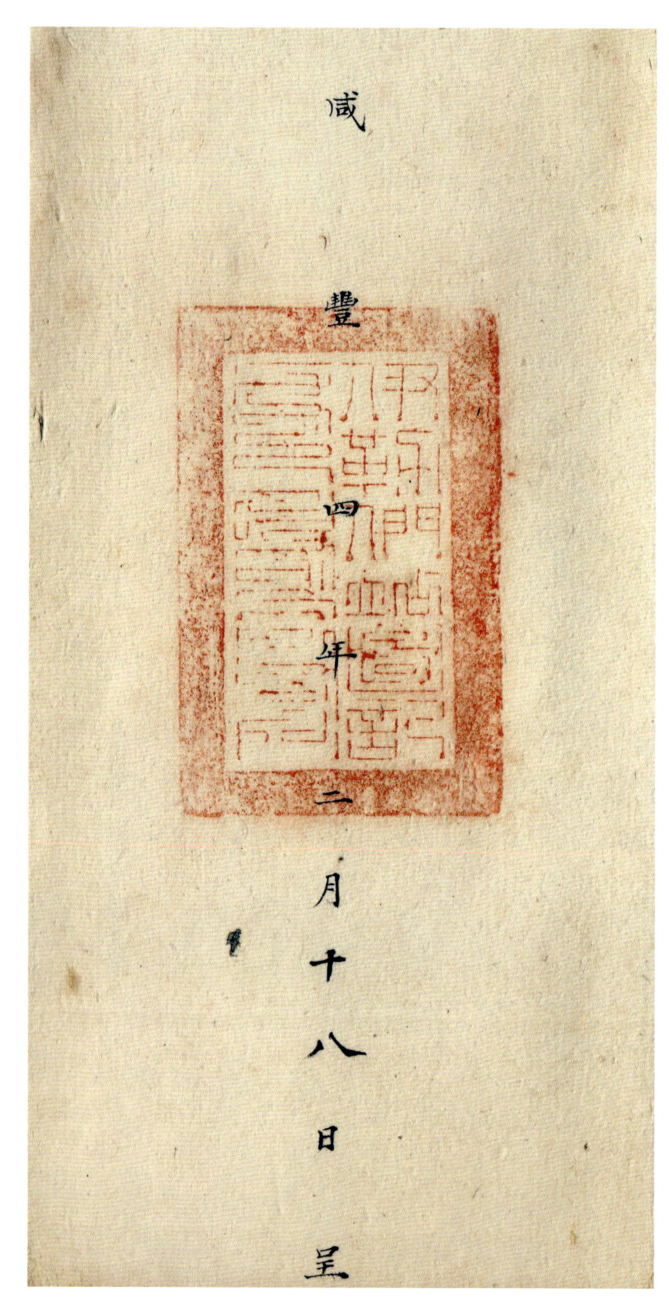

印章名称：伊勒们站图记
印章尺寸：8cm×5cm
用印日期：咸丰四年（1854）
印文类型：满汉合璧

印章名称：苏瓦延站图记
印章尺寸：8 cm×5 cm
用印日期：咸丰十年（1860）
印文类型：满汉合璧

印章名称：叶赫站图记
印章尺寸：8 cm×5 cm
用印日期：咸丰四年（1854）
印文类型：满汉合璧

东路（至宁古塔）驿站有额赫穆站、拉法站、退搏站、意气松站、鄂摩和站、塔拉站、通沟镇站、必尔罕站、沙兰站、宁古台站、新官地站、玛勒瑚哩站、老松岭站、萨奇库站、瑚珠岭站、哈顺站、大坎子站、穆克德和站、密占站、珲春站。

印章名称：额赫穆站图记
印章尺寸：8 cm×5 cm
用印日期：咸丰四年（1854）
印文类型：满汉合璧

印章名称：拉法站图记
印章尺寸：8 cm×5 cm
用印日期：咸丰四年（1854）
印文类型：满汉合璧

印章名称：意气松站图记
印章尺寸：8 cm×4.5 cm
用印日期：光绪十二年（1886）
印文类型：满汉合璧

印章名称：退抟站图记
印章尺寸：7.5 cm×4.5 cm
用印日期：光绪二十八年（1902）
印文类型：满汉合璧

印章名称：鄂摩和站图记
印章尺寸：8 cm×5 cm
用印日期：咸丰四年（1854）
印文类型：满汉合璧

印章名称：塔拉站之图记
印章尺寸：7.5 cm×4.5 cm
用印日期：光绪二十八年（1902）
印文类型：满汉合璧

印章名称：必尔罕站图记
印章尺寸：8cm×5cm
用印日期：咸丰四年（1854）
印文类型：满汉合璧

印章名称：沙兰站图记
印章尺寸：8cm×5cm
用印日期：咸丰四年（1854）
印文类型：满汉合璧

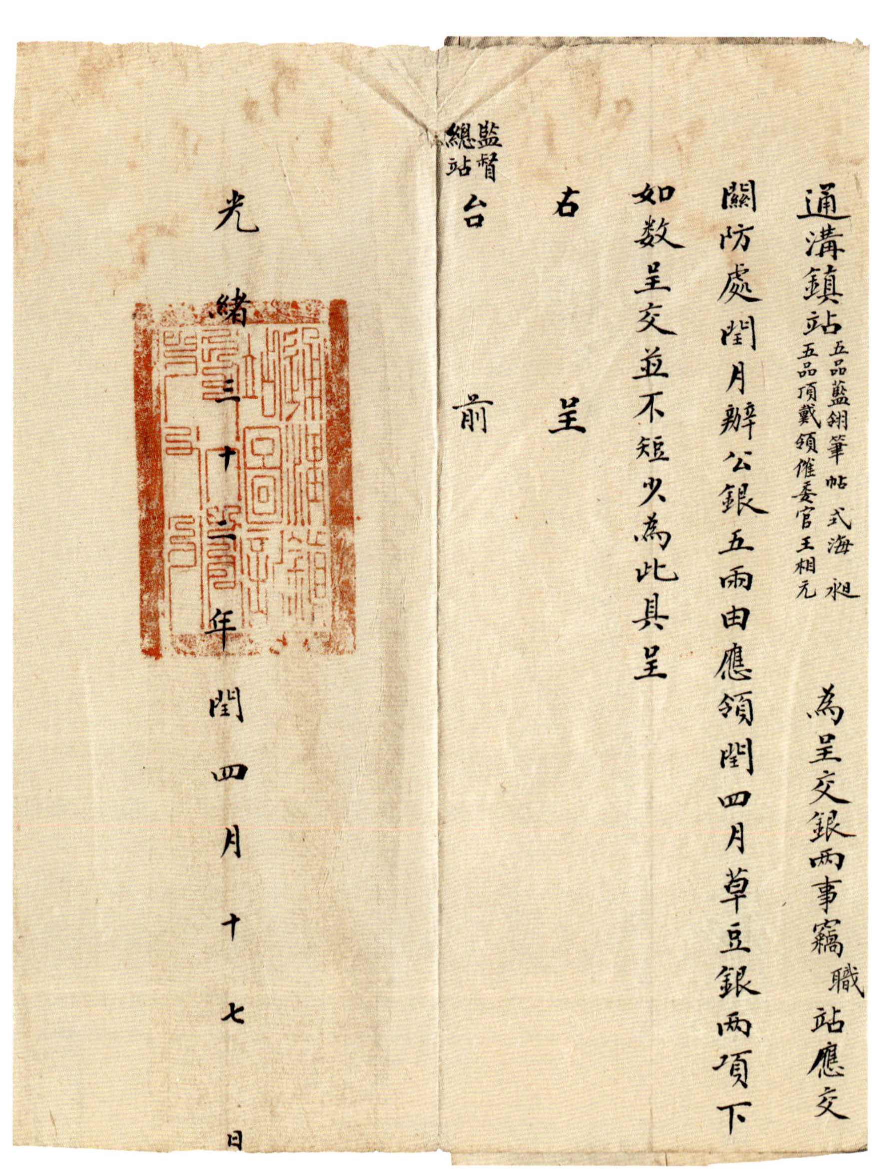

通溝鎮站五品藍翎筆帖式海昶
五品頂戴領催委官王相元為呈交銀兩事竊職站應交
關防處閏月辦公銀五兩由應領閏四月草豆銀兩項下
如数呈交並不短少為此具呈
右　呈
監督總站台　前
光緒三十二年閏四月十七日

印章名称：通沟镇站图记
印章尺寸：7.5cm×4.5cm
用印日期：光绪三十二年（1906）
印文类型：满汉合璧

印章名称：宁古台站笔帖式之图记
印章尺寸：7.5 cm×4.5 cm
用印日期：光绪三十三年（1907）
印文类型：满汉合璧

印章名称：玛勒瑚哩站之图记
印章尺寸：7.5 cm×4.5 cm
用印日期：光绪三十二年（1906）
印文类型：满汉合璧

印章名称：萨奇库站图记
印章尺寸：7.5 cm×4.5 cm
用印日期：光绪二十九年（1903）
印文类型：满汉合璧

印章名称：哈顺站之图记
印章尺寸：7.5 cm×4.5 cm
用印日期：光绪十二年（1886）
印文类型：满汉合璧

印章名称：穆克德和站之图记
印章尺寸：7.5 cm × 4.5 cm
用印日期：光绪三十三年（1907）
印文类型：满汉合璧

北路驿站监督关防处 颁“管金珠鄂佛罗等站监督之关防”，管理北路驿道及东北路驿道，关防处监督驻金珠鄂佛罗站（今永吉金珠店），北路驿道设23站。后来，出于驻防的需要，又增设两条支线，一条以北路的蒙古站为起点到三姓，设10站；一条以东路的宁古塔站为起点到三姓，设10站，皆归北路驿站监督关防处管理。

北路（至三姓）驿站有金珠鄂佛罗站、舒兰站、法特哈站、登伊勒哲库站、蒙古夫伦站、盟温站、陶赖昭站、逊札保站、浩色站、舍哩站、伯都讷站、拉林多欢站、五常站、双城堡站、萨库哩站、蜚克图站、苇子沟站、色勒佛特库站、佛斯亨站、富拉珲站、崇古尔库站、鄂尔国木索站、妙嘎山站。

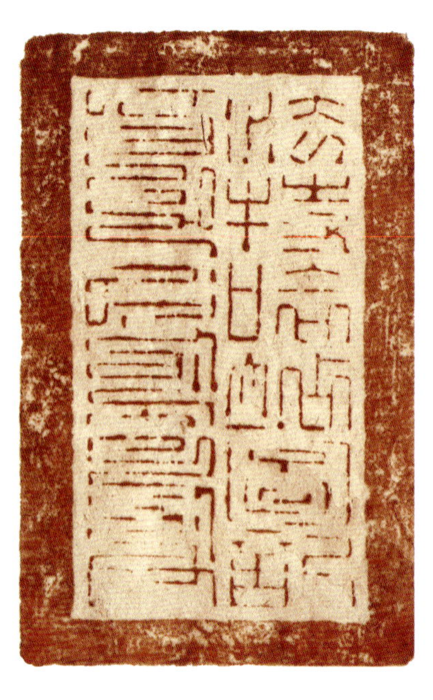

印章名称：法特哈站图记
印章尺寸：8 cm×4.5 cm
用印日期：光绪二十九年（1903）
印文类型：满汉合璧

印章名称：拉林多欢站之图记
印章尺寸：8 cm×4.5 cm
用印日期：光绪二十四年（1898）
印文类型：满汉合璧

印章名称：苇子沟站图记
印章尺寸：7.5 cm×4.5 cm
用印日期：光绪三十年（1904）
印文类型：满汉合璧

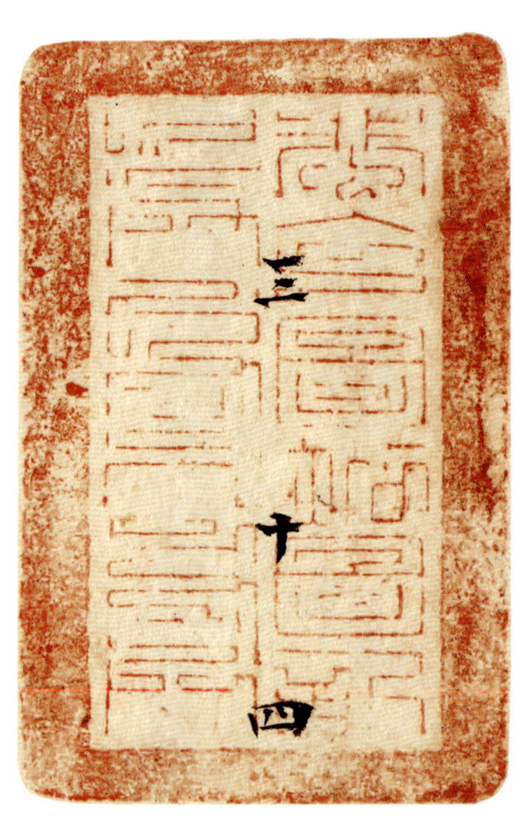

印章名称：蜚克图站图记
印章尺寸：8cm×5cm
用印日期：光绪三十四年（1908）
印文类型：满汉合璧

印章名称：色勒佛特库站图记
印章尺寸：8 cm×4.5 cm
用印日期：光绪二十四年（1898）
印文类型：满汉合璧

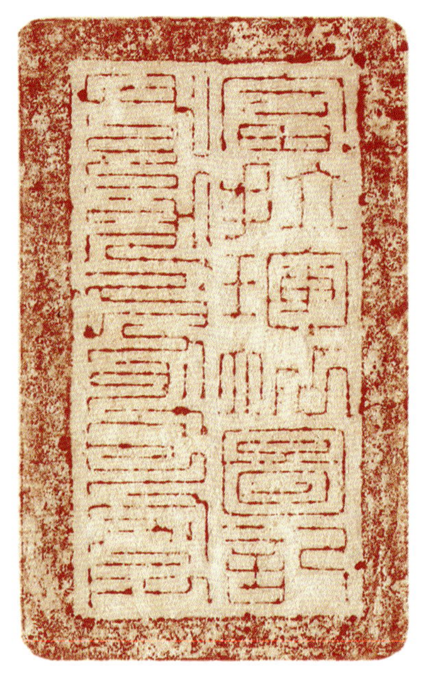

印章名称：富拉珲站图记
印章尺寸：8 cm×4.5 cm
用印日期：光绪十一年（1885）
印文类型：满汉合璧

印章名称：崇古尔库站条记
印章尺寸：7.5 cm×4.5 cm
用印日期：光绪十一年（1885）
印文类型：满汉合璧

三、吉林水师营和鸟枪营

为抗击俄国侵略，于顺治十八年（1661）正式组建吉林水师营，设总管 1 员。光绪六年（1880）吉林添设防军，水师营附属于靖边军之下。宣统二年（1910）吉林水师营裁撤。

雍正十年（1732）设吉林鸟枪营，设参领 1 员。

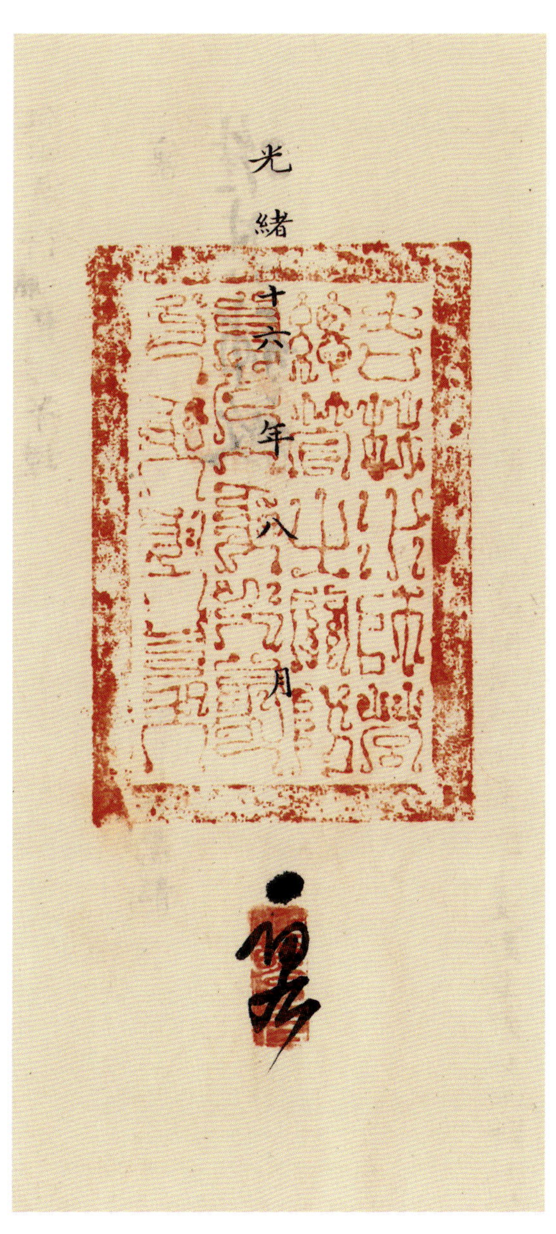

印章名称：吉林水师营总管之关防
用印日期：光绪十六年（1890）
印章尺寸：9.5 cm×6 cm
印文类型：满汉合璧

四、打牲乌拉总管衙门

打牲乌拉总管衙门设于顺治十年（1653），是清廷设在吉林境内的一个特殊机构——“专司采捕诸役”，即专为清皇室采捕土特产品及特别供物而特设的采贡机构。在大乌喇城（今永吉县乌拉街镇）建衙署，旧称“布特哈乌拉总管衙门”，布特哈汉译为打牲，故又称打牲乌拉总管衙门。它按八旗编制的军事生产组织，内分上三旗（正黄旗、正白旗、镶黄旗）与下五旗（正红旗、镶红旗、镶白旗、正蓝旗、镶蓝旗），实行一套独特的政治经济统治形式，但不属于八旗驻防性质。设立之初设六品掌关防总管，顺治十八年（1661）升为四品总管，“统辖珠杆头目、副头目及参户、蜜户、渔户、猎户，专司采捕诸役”，康熙三十七年（1698）定为三品总管。首任总管迈图。打牲乌拉总管衙门拥有四合贡山等 22 个采贡山场、松花江等 64 处采东珠河口，围猎和采捕的范围方圆 560 余里，划入封禁区域。所采捕的人参、东珠、鲟鳇鱼、蜂蜜、松塔等土特产品列为贡品，或贡奉于皇帝、皇室，或用于祭祀坛庙陵寝。

打牲乌拉总管衙门初设时直接隶属朝廷内务府，史上有“南有江宁织造，北有打牲乌拉”之说，“由都京内务府分司节制，不与驻防衙门干预”，与宁古塔将军并没有直接的隶属关系，总管也不能由将军兼管。乾隆十三年（1748）吉林将军奉旨兼理打牲乌拉捕鱼、采珠、拣选官员事，光绪三十二年（1906）清廷裁撤打牲乌拉总管衙门，改设乌拉翼领衙门。宣统三年（1911）八月，打牲乌拉协领、翼领衙门裁并，改设打牲乌拉旗务承办处，归吉林全省旗务处管理。

打牲乌拉总管衙门自清初设立到清末裁撤，几乎延续了清朝始终。从首任总管迈图到末任总管乌音保，历 36 任、31 人。

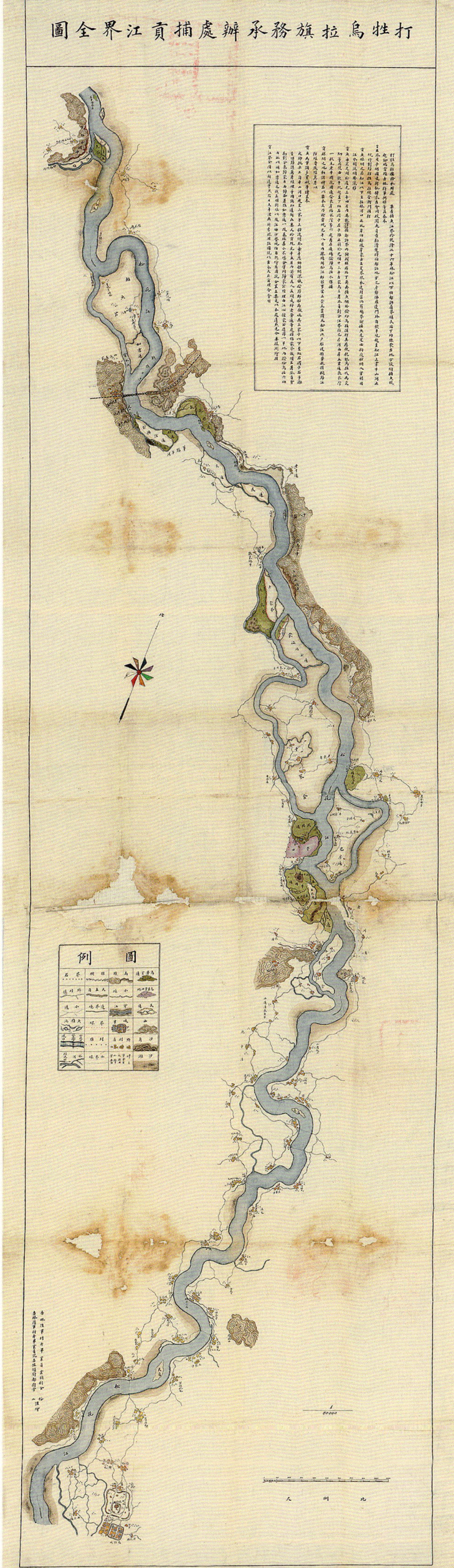

宣统三年（1911）打牲乌拉旗务承办处绘制的捕贡江界全图

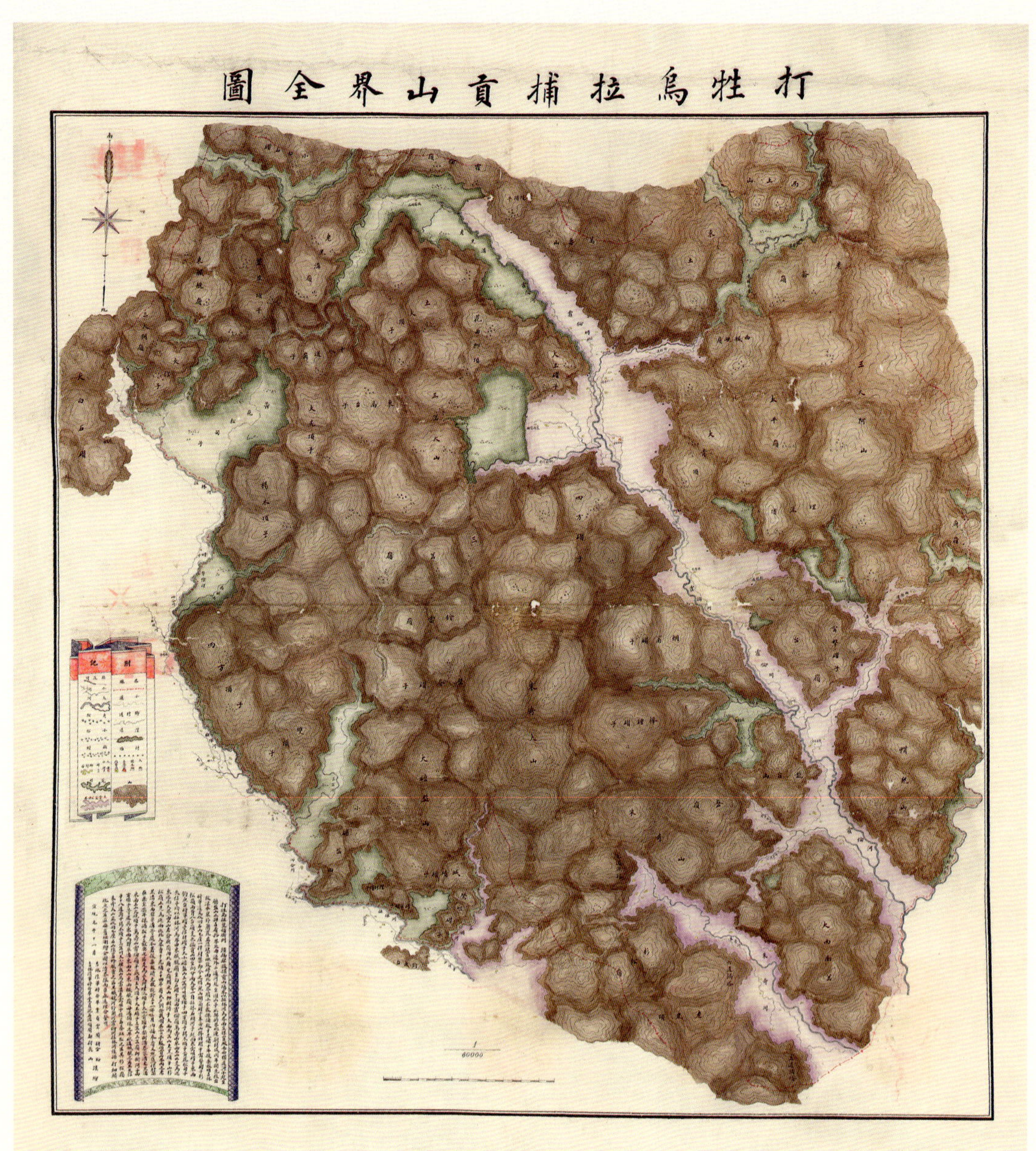

宣统元年（1909）打牲乌拉翼领衙门绘制的打牲乌拉捕贡山界全图

打牲烏拉總管衙門
廂黃旗領催倭楞額採辦紅蜂
蜜於九月十五日由額赫穆站
經過去訖

光绪十五年（1889）八月二十六日吉林将军衙门发给打牲乌拉总管衙门镶黄旗领催倭楞额采办红蜂蜜的过关卡票

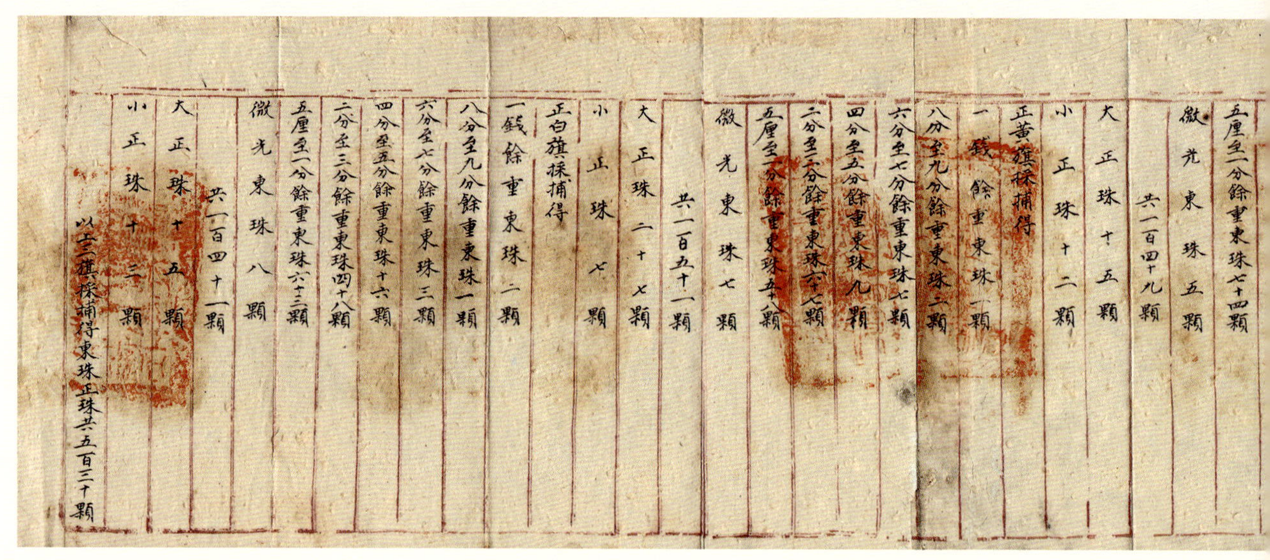
五厘至一分餘重東珠七十四顆
微光東珠五顆
共一百四十九顆
大正珠十五顆
小正珠十二顆
正黃旗採捕得
一錢餘重東珠一顆
八分至九分餘重東珠二顆
六分至七分餘重東珠七顆
四分至五分餘重東珠九顆
二分至三分餘重東珠六十七顆
五厘至一分餘重東珠五十八顆
微光東珠七顆
共一百五十一顆
大正珠二十七顆
小正珠七顆
正白旗採捕得
一錢餘重東珠二顆
八分至九分餘重東珠一顆
六分至七分餘重東珠三顆
四分至五分餘重東珠十六顆
二分至三分餘重東珠四十八顆
五厘至一分餘重東珠六十三顆
微光東珠八顆
共一百四十一顆
大正珠十五顆
小正珠十三顆
以上三旗採捕得東珠正珠共五百三十顆

同治七年（1868）吉林将军为打牲乌拉总管衙门采捕东珠的奏稿与清单

跪

奏為呈

進捕獲東珠恭摺奏

聞事竊照奴才等欽遵

諭旨 奴才巴揚阿於本年春帶領捕珠官兵分起發往捕之處業

已具

奏在案茲於九月二十九日適據各起捕珠官兵陸續獲回奴才

富 途次與烏拉總管巴揚阿分別驗看得三旗捕獲

東珠共五百三十顆內揀得五厘起至一錢餘重東珠四百

四十一顆正珠八十九顆謹將揀得大小東珠分別色光另

繕漢字清單呈

覽外 奴才等將按旗分別揀得東珠敬謹盛匣封固飭交翼

領雲生等於十月十三日啓程呈

進伏乞

兩宮皇太后

皇上聖鑒

飭下該部內務府等衙門查收為此謹

奏

同治七年十月 日

謹將三旗採捕得東珠顆數開列於後

計開

廂黃旗採捕得

印章名称：管乌拉采捕关防
印章尺寸：8.5 cm × 5.5 cm
用印日期：光绪三十四年（1908）
印文类型：满汉合璧

印章名称：管理打牲乌拉兵丁协领关防
印章尺寸：10 cm × 6 cm
用印日期：宣统元年（1909）
印文类型：满汉合璧

五、吉林官参局

吉林官参局负责吉林境内人参的管理、刨挖和进送。

印章名称：吉林官参局之关防
印章尺寸：10 cm×6 cm
用印日期：光绪二十四年（1898）
印文类型：满汉合璧

六、吉林官庄

吉林官庄是清政府为发展东北地区经济，巩固东北边防而采取的一种独具特色的生产组织方式。打牲乌拉总管衙门康熙四十五年（1706）设官庄5座，各副都统衙门都设有官庄，吉林副都统设官庄50座。吉林将军衙门及所属各副都统衙门负责管理官庄事务。

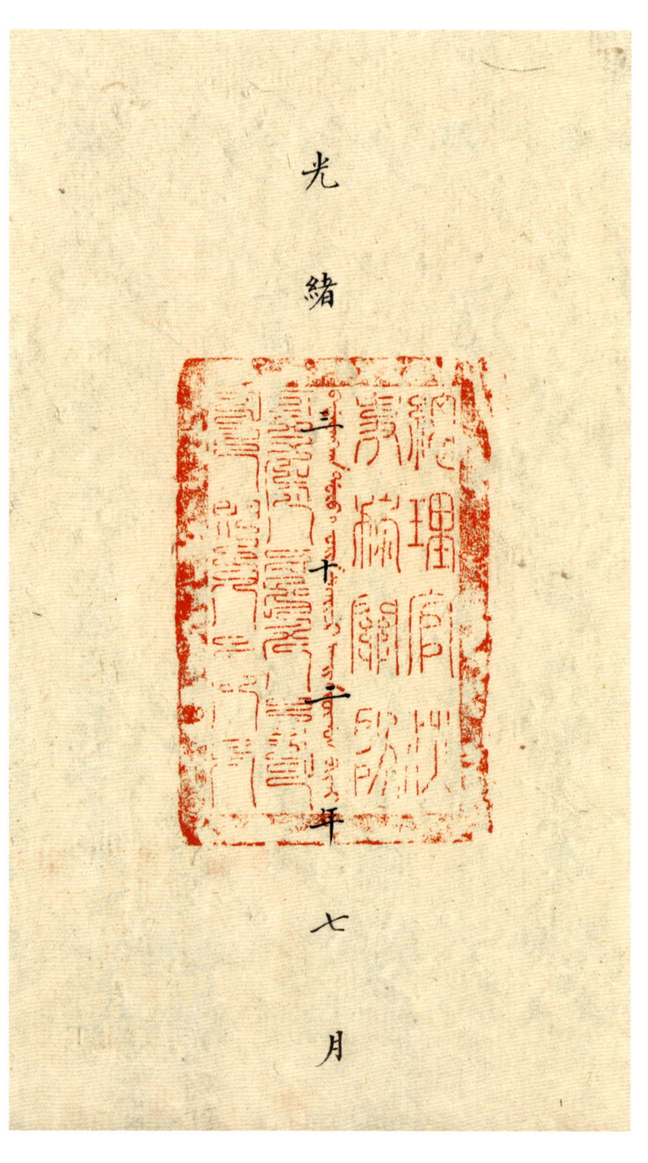

印章名称：总理官庄事务关防
印章尺寸：10 cm×6 cm
用印日期：光绪三十二年（1906）
印文类型：满汉合璧

七、吉林交涉总局

吉林交涉总局成立于光绪二十三年（1897）八月，关防文称“奏办吉林交涉总局事务关防”，其职责是为“凡边务、矿税、森林、路电、租借之事关交涉者均隶焉”。总局内设有总理、会办各 1 人，银库主事 1 人，文案委员 2 人，办事委员 3 人，差遣委员 2 人，记名主事 4 人，办事官 2 人，翻译官 3 人。交涉总局首任总理为王昌炽，光绪三十四年（1908）三月裁撤。

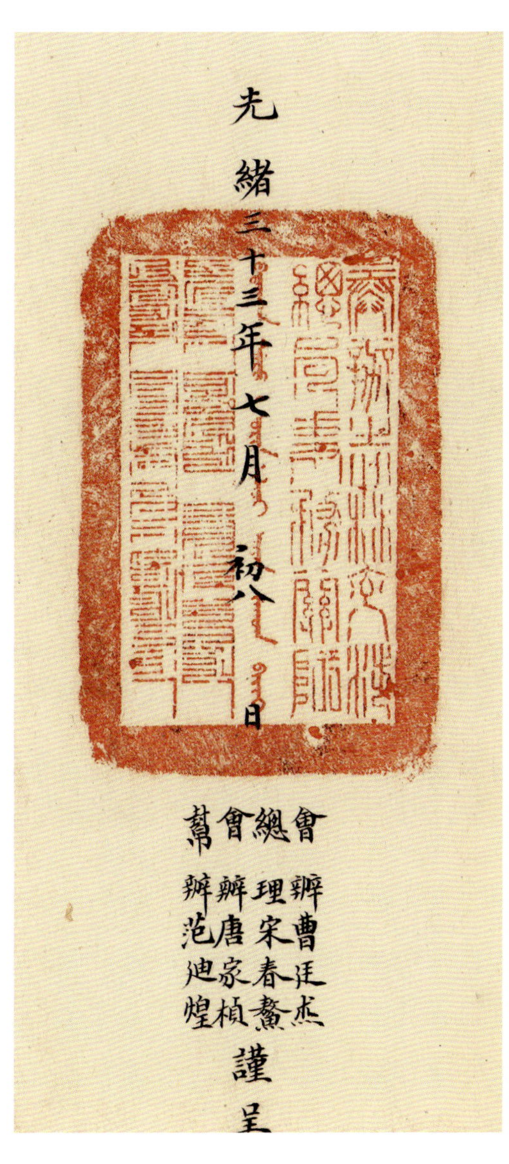
光緒三十三年七月初八日

會辦曹廷杰
總理宋春鰲
會辦唐家楨
幫辦范廸煌
謹呈

印章名称：奏办吉林交涉总局事务关防
印章尺寸：10.5 cm×6.5 cm
用印日期：光绪三十三年（1907）
印文类型：满汉合璧

第二节 将军衙门旗属机构

吉林地区幅员辽阔，吉林将军之下设置6个副都统署、7个协领署、2城佐领署、4门防御署，共设17城驻防，管理全境驻防事务和八旗事务。副都统下设协领、佐领、防御、骁骑校、领催等官。协领，在副都统之下，分为两种：一种是专城驻防协领，满语古赛达或固山达，掌本防区的“巡防稽察事务”，吉林境内有7城驻防协领；另一种是翼协领（亦称翼领），掌“稽治田宅户口，颁其教戒”，左右两翼协领均在副都统领辖下。佐领，在协领之下，满语牛录章京，是一旗的最高主管官，掌“人口田宅兵籍”诉讼等事务。防御，在佐领之下，满语拖沙喇哈番尔吉章京，掌一旗之稽察军实辎重、城堡等事务。骁骑校，在防御之下，满语分得拨什库，主管催收旗租、缉捕事务，但无听讼权。领催，在骁骑校之下，满语拨什户，掌一旗之册档、支领俸饷、会计书写等事务。

吉林6城副都统署，因各防区域大小不同，统领的八旗数额也不尽相同，机构建置也各有差异。各副都统署内，一般都设印务处，办理章奏文移；承办处或文案处，办理署内具体事宜；左司房，掌兵、刑之事，即官兵操演、驿站卡伦、发放路票、审理案件等事务；右司房，掌户、礼、工之事，即核报开垦地亩、粮食收成、雨雪粮价、义仓粮石，支发办公费用、官兵俸饷、鳏寡孤独等人养赡银两，征收各项赋税，备办进贡方物，筹办祭祀庆典，核销工程费用等事务。吉林副都统驻防序列中领专城驻防协领署 2 个、佐领署 2 个、防御署 4 个；三姓副都统驻防序列中领专城驻防协领署 2 个；阿勒楚喀副都统驻防序列中领专城驻防协领署 3 个。

一、宁古塔副都统

宁古塔副都统设于顺治十年（1653）五月初九，当时称梅勒章京，顺治十七年（1660）改汉称副都统，驻宁古塔旧城（今黑龙江省宁安县海林河南岸），康熙五年（1666）迁入新城（今黑龙江省宁安县城）。宁古塔副都统统领满八旗官兵员弁 1400 员名，驻防牡丹江流域，有官庄 13 座，壮丁 130 名。据《宁安县志》载：“‘宁古’为满语，汉译为‘六’或‘六个’，‘塔’是满语‘特’的讹音，汉译为‘居址’，合译‘六居址’，是指当时宁古塔地面上的六个大部落而言。”宣统元年（1909）裁撤。

印章名称：宁古塔等处副都统印
印章尺寸：10.5 cm×10.5 cm
用印日期：光绪十一年（1885）
印文类型：满汉合璧

二、吉林副都统

吉林副都统设于康熙十年（1671）二月初三。为了监督流人造船，迁宁古塔副都统1员移驻吉林城，但是，当时仍沿称宁古塔副都统。首任吉林副都统为原宁古塔副都统安珠瑚。康熙十五年（1676）谕令宁古塔将军徙驻船厂，安珠瑚回宁古塔任副都统，席山继任吉林副都统。从此，吉林副都统和宁古塔将军同城驻防，同署办公，不设旗署。吉林副都统于康熙三十一年（1692）四月至雍正三年（1725）间一度裁撤，雍正四年（1726）复设，光绪三十三年（1907）十二月裁撤，从最先设置到裁撤共延续203年。吉林副都统驻防序列中，领衔专城驻防协领2员，即五常堡专城协领、乌拉城专城协领；专城驻防佐领2员，即伊通城佐领、额穆赫索罗佐领；柳条边四门设专城驻防防御4员，此8城专城驻防地方各设旗署，行使对旗人管理职能。

五常堡协领署 设于顺治六年（1649），今黑龙江五常县，辖正黄旗、镶黄旗，协领以下官兵221员。

印章名称：管理五常堡地方协领之关防
印章尺寸：9.5 cm×6 cm
用印日期：光绪十四年（1888）
印文类型：满汉合璧

乌拉协领署 设于乾隆五年（1740），今永吉乌拉街镇，与打牲乌拉总管衙门同城，但无领属关系。自立旗署视事，“钤束八旗兵丁”，统辖八旗官兵721员。

伊通河佐领署 设于雍正六年（1728），今伊通，当时从吉林乌拉城和开原城调正黄旗、镶黄旗前往屯居戍守。佐领以下官兵208员。

额穆赫索罗佐领署 设于乾隆三年（1738），今永吉县金珠店，综理正白旗事务。光绪十七年（1891）佐领以下官兵123员。

柳条边四门防御署 清初，为禁止汉人流入东北，筑有柳条边实行封禁。吉林将军辖区内柳条边门有四门防御，即布尔图库边门，今四平市东南，其旧名布尔图苏巴尔罕，又名半拉山门，“苏巴尔罕”满语“塔”，因东南塔山得名，乾隆年间令略去苏巴尔罕四字；赫尔苏边门，今怀德镇南，即克勒苏或黑尔苏门；伊通边门，今长春南20千米，即易屯门或一统门；巴彦鄂佛罗边门，今舒兰县西黄山嘴子。四边门均设于康熙二十年（1681）。四边门防御除管理边门启闭、稽察通过边门的行旅外，也管理所属八旗事务。

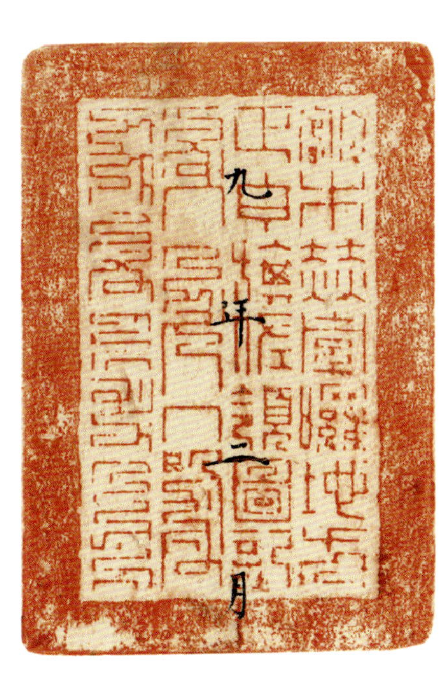

印章名称：额木赫索罗地方正白旗佐领图记
印章尺寸：8.5 cm×5.5 cm
用印日期：同治九年（1870）
印文类型：满汉合璧

印章名称：吉林伊通边门防御钤记
印章尺寸：8 cm×5.5 cm
用印日期：光绪元年（1875）
印文类型：满汉合璧

印章名称：吉林伊通边门防御钤记
印章尺寸：8 cm×5.5 cm
用印日期：光绪二年（1876）
印文类型：满汉合璧

印章名称：吉林巴彦鄂佛罗边门防御钤记
印章尺寸：7.5 cm × 4.5 cm
用印日期：宣统元年（1909）
印文类型：满汉合璧

三、伯都讷副都统

伯都讷，今吉林省扶余市，最初是锡伯人居住的一个村落的名称，顺治元年（1644）设驿站于此，称为伯都讷站，是当时通往瑷珲、墨尔根及呼伦贝尔、尼布楚等地的水路通衢。康熙初年，为了有效反击沙俄的入侵，清政府在东北大量增兵。为了解决粮饷问题，将流徙于开原以南尚阳堡的罪犯改发伯都讷等地开始屯田。伴随着农业的开发，城邑为之兴起。宁古塔将军于康熙三十一年（1692）奏称："伯都讷地方，系水陆通衢，可以开垦田地，应于此地修筑木城一座。"同年伯都讷地方设副都统衙门，职掌驻防旗营及地方军政、民政、司法、财经等一切事宜。首任副都统巴尔达系吉林副都统调任。副都统衙门设主事 1 人、笔帖式 4 人、管仓官 1 人、仓笔帖式 1 人，分司差务。宣统元年（1909）四月裁撤。

印章名称：白都纳等处副都统印
印章尺寸：10 cm × 10 cm
用印日期：乾隆六十年（1795）
印文类型：满汉合璧

印章名称：伯都讷等处副都统印
印章尺寸：10.5 cm × 10.5 cm
用印日期：光绪十六年（1890）
印文类型：满汉合璧

四、三姓副都统

康熙五十四年（1715），于三姓（今黑龙江省依兰县）置防兵，编正黄、镶黄、正白、正红四旗，设协领统之。雍正九年（1731）十一月添设三姓副都统，雍正十年（1732）增编四旗。三姓副都统驻防和管辖范围最广大，东到海和约色河以北地区，北方包括黑龙江下游、库页岛及沿海岛屿，最北到乌第河以南。三姓副都统下领三姓、富克锦 2 个专城驻防协领署。宣统元年（1909）四月裁撤。

三姓协领署 设于康熙五十四年（1715），与三姓副都统同城合署视事。乾隆元年（1736）分八旗为左右两翼，有协领以下官兵 1117 员。

富克锦协领署 设于光绪七年（1881），今黑龙江省富锦县，领镶黄、正黄、正白、正红四旗，有协领以下官兵 423 员。

印章名称：管理三姓富克锦等处地方副都统印
印章尺寸：10.5 cm×10.5 cm
用印日期：光绪十八年（1892）
印文类型：满汉合璧

印章名称：管理三姓地方兵丁副都统印
印章尺寸：10 cm×10 cm
用印日期：光绪十四年（1888）
印文类型：满汉合璧

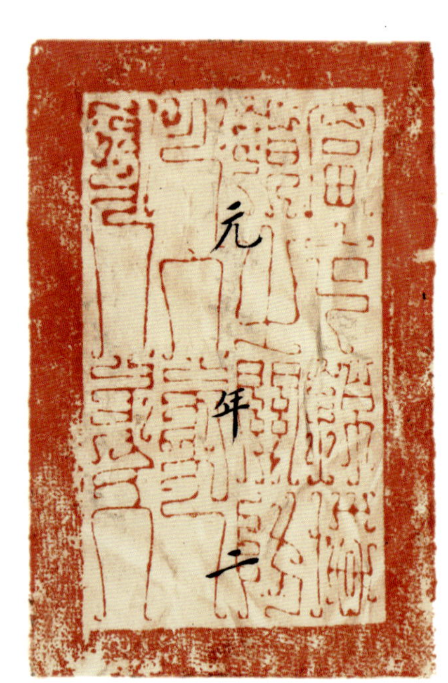

印章名称：富克锦协领之关防
印章尺寸：9.5 cm×6 cm
用印日期：宣统元年（1909）
印文类型：满汉合璧

五、阿勒楚喀副都统

雍正二年(1724)十二月,为了调整东北地区八旗驻防布局,雍正皇帝颁降谕旨,于阿勒楚喀、拉林等处置设协领1员,驻扎管理。乾隆初年,为了解决京师八旗生计困难的问题,清廷决定抽调一部分京师八旗闲散丁携眷移往拉林、阿勒楚喀地方开垦屯田,在拉林设副都统1员总统管理。乾隆九年(1744)七月,由部“铸给拉林阿勒楚喀副都统印信及添设左右二翼协领关防”。乾隆十九(1754)十月,吉林将军傅森察看拉林八旗闲散丁屯垦情况后发现,整整十年时间的开垦劳作收效显著,于是奏请再迁京师八旗闲散丁开垦屯田,以期解决其生计问题。军机大臣除议准吉林将军傅森所提建议外,还指出“新旧兵较前增多,旧副都统一员,不足以资弹压,请添设副都统一员”,于阿勒楚喀添设副都统1员,驻防和管理拉林河、穆棱河、蚂蜒河流域的八旗事务。乾隆三十四年(1769)正月,乾隆帝颁旨裁汰拉林副都统,其地方归并阿勒楚喀兼管。宣统元年(1909)四月,阿勒楚喀副都统裁撤。阿勒楚喀副都统序列中,有3员专城驻防协领,即阿勒楚喀、拉林、双城堡协领。

印章名称:阿勒楚喀拉林等处副都统印
印章尺寸:10.5 cm×10.5 cm
用印日期:光绪三十四年(1908)
印文类型:满汉合璧

阿勒楚喀协领署 设于雍正二年（1724）十二月，与阿勒楚喀副都统同城驻防，合署视事，兵丁员额统计进副都统署内。

拉林协领署 设于乾隆九年（1744），乾隆三十四年（1769）降为协领，协领以下官兵515员。

双城堡协领署 设于嘉庆十九年（1814），今黑龙江省双城，协领以下官兵332员。

印章名称：阿勒楚喀左翼协领关防
印章尺寸：9.5 cm×6 cm
用印日期：宣统元年（1909）
印文类型：满汉合璧

印章名称：管理拉林八旗协领关防
印章尺寸：10 cm×6 cm
用印日期：光绪三十四年（1908）
印文类型：满汉合璧

印章名称：双城堡协领之关防
印章尺寸：9.5 cm×6 cm
用印日期：光绪十二年（1886）
印文类型：满汉合璧

印章名称：双城堡左司之关防
印章尺寸：9.5 cm×6 cm
用印日期：同治七年（1868）
印文类型：满汉合璧

六、珲春副都统

康熙五十三年（1714）设珲春协领，驻防珲春河地方；光绪七年（1881）四月，裁协领添设副都统，始称珲春副都统，驻防图们江以北沿江沿海地区（今延边大部分）。光绪十年（1884）五月，副都统加“帮办吉林边务事宜”衔，有“管辖旗务，综理民政全权”，协助吉林将军办理东部边防事务。为此，在珲春特设“帮办行营”“帮办行营办事处”，两机构于光绪二十六年（1900）裁撤。光绪十五年（1889）添设图们江水师营，“夏令梭巡图们江，冬季驻扎珲春两步江地方”。珲春副都统于宣统元年（1909）四月裁撤。

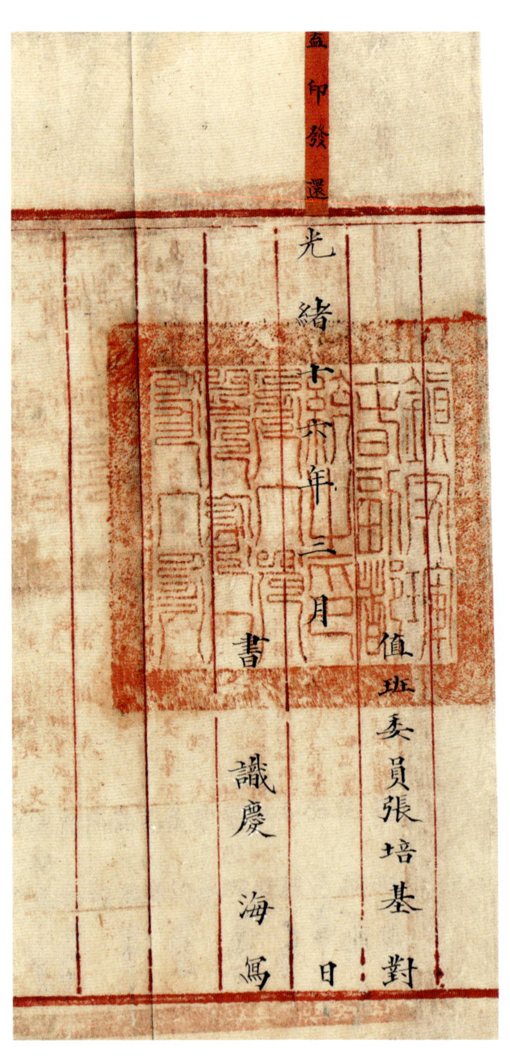
盖印發還
光緒十六年三月　日
值班委員張培基對
書識慶海寫

印章名称：镇守珲春副都统之印
印章尺寸：10.5 cm×10.5 cm
用印日期：光绪十六年（1890）
印文类型：满汉合璧

第三节 将军衙门民属机构

东北地区在雍正朝以后，设行省前，对民人的管理和民署的设置实行将军、府、县三级体制，直隶州、直隶厅同府，散厅、属州同县。清代的府，又分为京府、普通府两种。东北地区的京府是奉天府，吉林境内各府皆是普通府。据史料记载统计，吉林省境内自设永吉州起到光绪三十二年（1906），先后共建吉林府、长春府、新城府、依兰府 4 府，延吉厅、绥芬厅、双城厅、宾州厅、五常厅 5 厅，临江州、伊通州 2 州，敦化县、农安县、磐石县、长寿县、榆树县、汤原县 6 县。

一、府　治

吉林府

吉林府所在地因明永乐、洪熙、宣德三朝及清顺治、康熙朝皆曾造船，兴水师于此，汉称船厂。康熙十年（1671）为吉林副都统驻地，康熙十五年（1676）为宁古塔将军驻地，雍正四年（1726）十二月在吉林乌拉城设置永吉州，隶于奉天府。这是吉林将军境内设立的第一个管理民人事务的民署机构，首任知州杜薰。

因“永吉一州，设在吉林乌拉，系宁古塔将军所辖地方。该州向隶奉天府，一应办理旗民事务，俱申报府尹转咨，不但稽延时日，且于办理事件多至掣肘”。乾隆十二年（1747）二月初二，永吉州改设为吉林厅，理事同知缺，归宁古塔将军直领，首任同知阿扬阿。光绪七年（1881），吉林厅升为吉林直隶厅，光绪八年（1882）正月二十八日升为吉林府，“管地面词讼钱粮各事”“协佐防校等官，只准管理旗务，防剿盗贼，不准干预地方诉讼，以示限制而统一事权”。吉林知府加理事同知衔，“以便旗民兼理”。首任知府李金镛。

印章名称：永吉州之印
印章尺寸：7.5 cm × 7.5 cm
用印日期：乾隆元年（1736）
印文类型：满汉合璧

印章名称：吉林府印
印章尺寸：8 cm × 8 cm
用印日期：光绪三十四年（1908）
印文类型：满汉合璧

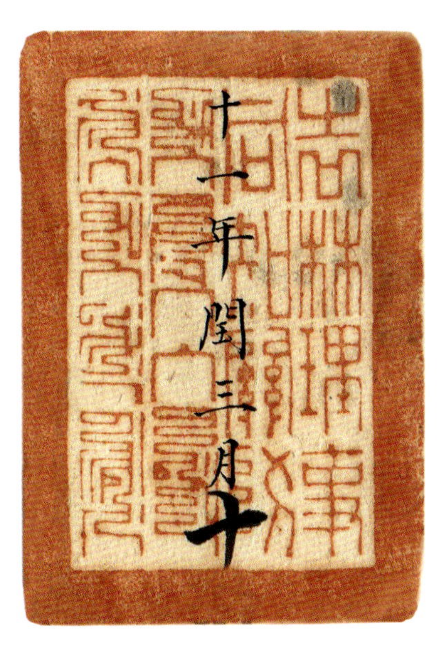

印章名称：吉林理事同知关防
印章尺寸：9 cm×6 cm
用印日期：道光二十一年（1841）
印文类型：满汉合璧

印章名称：船厂理事同知关防
印章尺寸：9 cm×6 cm
用印日期：乾隆四十二年（1777）
印文类型：满汉合璧

长春府

清初，长春厅属郭尔罗斯前旗札萨克领地。嘉庆五年（1800）因垦民日众，在长春堡地方筑城，俗称新立城，设长春厅于新立城，置长春厅理事通判。同年五月启用印信“吉林长春厅理事通判之关防”。道光五年（1825）移治宽城子（今长春市大经路两侧，西四道街一带）。长春厅与郭尔罗斯前旗，蒙汉划界分治，长春厅管理民人事务，蒙旗自行“设柜”征租。由于首次在“蒙部垦地设厅”，官缺“皆用旗员”，首任通判为六雅图。长春厅的设置，标志着哲里木盟王公领地进入驰禁阶段，从而揭开了蒙地向民地转化的历史。光绪八年（1882）正月二十八日，长春厅理事通判改为抚民通判，加理事衔，“蒙民兼管”。首任汉官缺为抚民通判孙堪。光绪十五年（1889）长春厅升为长春府。

印章名称：长春府印
印章尺寸：8 cm×8 cm
用印日期：光绪三十四年（1908）
印文类型：满汉合璧

印章名称：吉林伊通河巡检印
印章尺寸：6 cm×6 cm
用印日期：同治七年（1868）
印文类型：满汉合璧

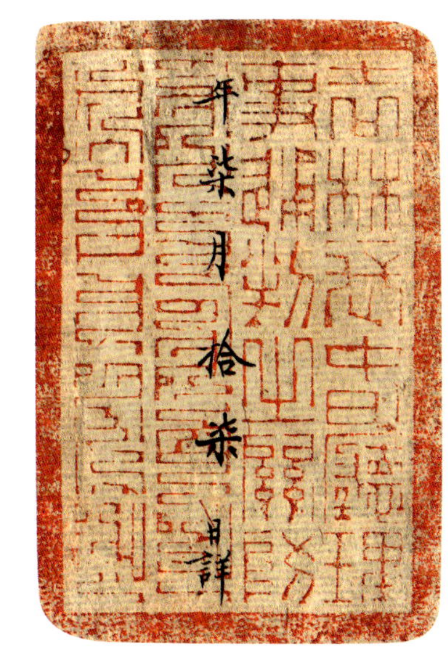

印章名称：吉林长春厅理事通判之关防
印章尺寸：9 cm×6 cm
用印日期：光绪三年（1877）
印文类型：满汉合璧

印章名称：长春厅抚民通判之关防
印章尺寸：9 cm×6 cm
用印日期：光绪十一年（1885）
印文类型：满汉合璧

新城府

伯都讷系蒙古语，意鹁鸽。顺治元年（1644）设伯都讷驿站，康熙三十一年（1692），添设伯都讷副都统。由于副都统衙署驻地的伯都讷旧城是在辽朝宁江州、金元时期纳仁汗浩特旧址和清初兵站、驿站基础上建立起来的，副都统署和驻军移驻后，其规模已不能适应需要，加之江水北移，城址较辽之宁江州时离江距离渐远，水路交通亦感不便，难于发挥战略要地作用，也影响着地方经济的发展。为解决这些问题，副都统巴尔达到任次年，即康熙三十二年（1693），于伯都讷旧城南十千米临江之处另外建城，名新城。伯都讷新城成为清初柳条边外，吉林、宁古塔、伯都讷、三姓、齐齐哈尔、墨尔根、瑷珲七大军城之一。雍正四年（1726）

印章名称：伯都讷理事同知之关防
印章尺寸：9.5 cm×6 cm
用印日期：光绪六年（1880）
印文类型：满汉合璧

印章名称：伯都讷孤榆树屯巡检印
印章尺寸：6 cm×6 cm
用印日期：同治六年（1867）
印文类型：满汉合璧

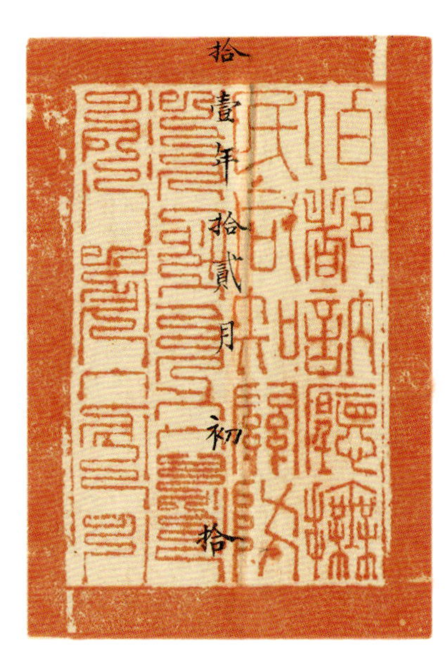

印章名称：伯都讷厅抚民同知关防
印章尺寸：9 cm×6 cm
用印日期：光绪十一年（1885）
印文类型：满汉合璧

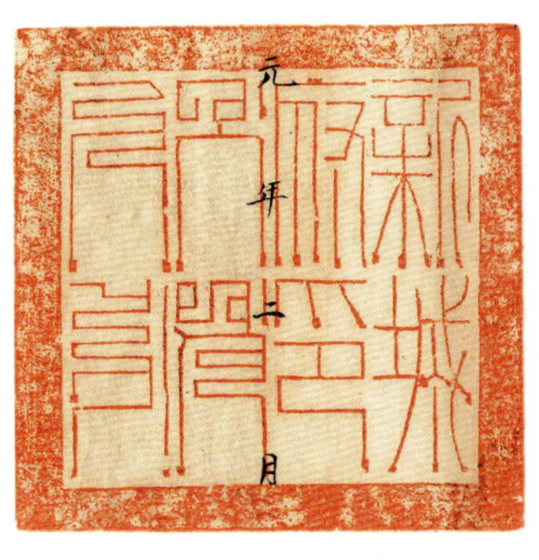

印章名称：新城府印
印章尺寸：8 cm×8 cm
用印日期：宣统元年（1909）
印文类型：满汉合璧

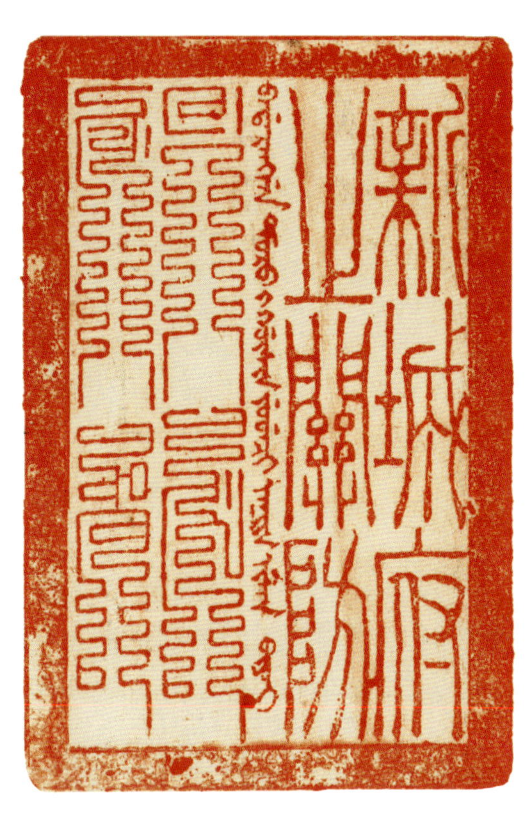

印章名称：新城府之关防
印章尺寸：9 cm×6 cm
用印日期：光绪十二年（1886）
印文类型：满汉合璧

十二月二十一日，在伯都讷城添设长宁县（今榆树境内）。雍正十三年（1735）八月十一日裁撤，将当地民人划归永吉州管理。乾隆二年（1737）于伯都讷添设州同1员，专司民人之事，仍隶于永吉州。乾隆十二年（1747）二月二日改州同为巡检。乾隆二十六年（1761）裁撤伯都讷巡检，改设理藩院办理蒙古事务委署主事1员。嘉庆十六年（1811）二月十九日裁撤委署主事，于伯都讷新城设置伯都讷厅，理事同知衔。同时设分防巡检1员，驻孤榆树屯（今榆树市），隶属伯都讷厅。光绪四年（1878）九月改伯都讷理事同知为抚民同知。光绪八年（1882）正月二十八日，抚民同知加理事衔，加衔后“旗民兼管”，移厅治于孤榆树屯。光绪三十二年（1906）正月二十二日，伯都讷厅升厅为府，曰“新城府”，驻新城，与伯都讷副都统同城，“凡民盗词讼课赋均归府理”，伯都讷副都统“只管旗务缉捕，不得干预地方公事”。首任知府许光震。

依兰府

依兰是满语“依兰哈喇”的简称。“依兰哈喇”汉语的意思为“三姓”，“依兰”为“三”，“哈喇”为“姓”，后简称为“依兰”，沿用为地名。康熙五十四年（1715）设三姓协领，雍正十年（1732）设三姓副都统，光绪三十一年（1905），吉林将军上奏“三姓一城，为吉江（吉林、黑龙江的简称）门户，又为松花、牡丹两江汇流东下之区，地多沃壤，户口殷繁”，请求设置府治。光绪三十二年（1906）正月二十二日获准，设置依兰府。

印章名称：依兰府印
印章尺寸：8 cm×8 cm
用印日期：宣统二年（1910）
印文类型：满汉合璧

二、厅　治

延吉厅

延吉厅厅治所在地烟集岗，康熙年间被划作“南荒围场”，是皇家采集贡品的基地。随着大批垦民的迁入，清政府遂废除封禁令，光绪七年（1881）设南岗招垦局。光绪十六年（1890），南岗招垦局改为抚垦局，后又称南岗荒务局。这时烟集岗人烟汇集，逐渐形成一片街区，人口有万余人。渐渐地，人们便称此地为局子街，即荒务局官府所在地之意。光绪二十八年（1902）十月二十六日，在局子街设延吉厅，专理民政。首任抚民同知春升。在和龙峪设分防经历 1 员，归厅管辖，“专司缉捕，兼管华韩交涉及垦民一切词讼。凡越垦界内应征租赋，悉归该经历征收”。

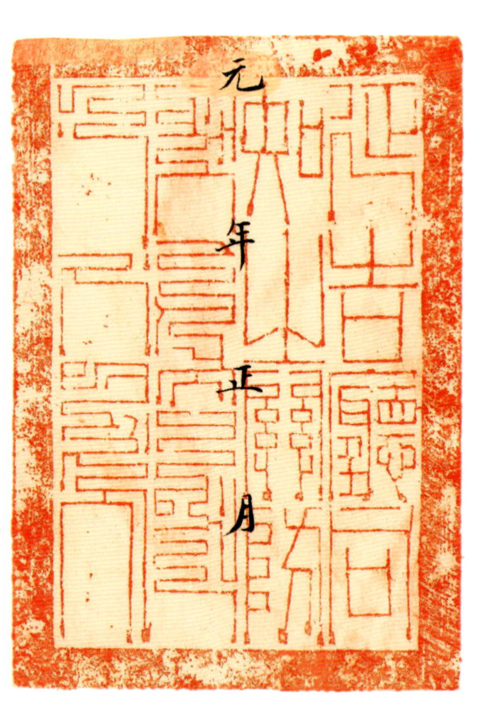

印章名称：延吉厅同知之关防
印章尺寸：9cm×6cm
用印日期：宣统元年（1909）
印文类型：满汉合璧

绥芬厅

光绪二十八年（1902）十二月十三日于宁古塔副都统辖区的三岔口（今东宁县三岔口镇）设置绥芬厅，添设抚民同知 1 员，首任同知杜玉衡。穆棱河添设厅知事 1 员，名曰分防穆棱河知事。

印章名称：绥芬厅同知之关防
印章尺寸：9 cm×6 cm
用印日期：光绪三十四年（1908）
印文类型：满汉合璧

双城厅

双城厅原名双城子、双城堡，因城东南有两座金代古城得名。嘉庆十九年（1814）设置双城堡协领，隶属阿勒楚喀副都统。咸丰元年（1851）协领改为副都统衔总管。光绪八年（1882）设置双城厅，设抚民通判。下设巡检兼司狱事1员，分防拉林巡检1员。

印章名称：双城堡地方副都统衔总管印
印章尺寸：8.5 cm×8.5 cm
用印日期：同治七年（1868）
印文类型：满汉合璧

印章名称：双城厅拉林巡检印
印章尺寸：6 cm×6 cm
用印日期：光绪十八年（1892）
印文类型：满汉合璧

印章名称：双城厅抚民通判之关防
印章尺寸：9cm×6cm
用印日期：光绪十六年（1890）
印文类型：满汉合璧

宾州厅

咸丰十一年（1861）以后，清廷开放围场禁山，大量人口“闯关东”进入东北垦荒，宾境人口开始增加。光绪五年（1879），吉林将军铭安上奏朝廷，请求添设民官治理。光绪六年（1880），在苇子沟置设宾州厅，抚民同知衔，首任同知王绍元。光绪二十八年（1902），宾州厅升为宾州直隶厅。

印章名称：宾州厅抚民同知之关防
印章尺寸：9 cm×6 cm
用印日期：光绪十四年（1888）
印文类型：满汉合璧

印章名称：宾州直隶厅同知之关防
印章尺寸：9 cm×6 cm
用印日期：光绪十八年（1892）
印文类型：满汉合璧

印章名称：宾州厅直隶同知之关防
印章尺寸：9 cm×6 cm
用印日期：光绪三十年（1904）
印文类型：满汉合璧

五常厅

五常原名欢喜岭。咸丰年间放荒开垦，咸丰四年（1854）设“举仁、由义、崇礼、尚智、诚信”五个甲社，取其“三纲五常”中“仁、义、礼、智、信”五常之意，遂得名，始称五常。同治八年（1869）设协领于五常堡，光绪七年（1881）设立五常厅，抚民同知衔。光绪八年（1882）设兰彩桥分防巡检 1 员、巡检管司狱事 1 员。光绪十二年（1886）设山河屯分防经历 1 员。

印章名称：试署五常厅同知之关防
印章尺寸：9 cm×6 cm
用印日期：光绪十一年（1885）
印文类型：满汉合璧

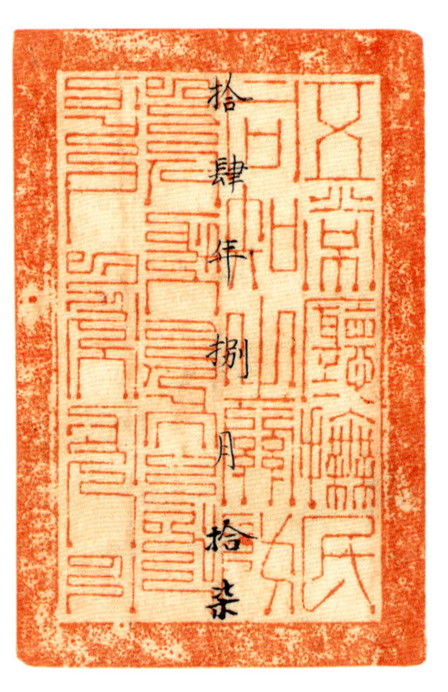

印章名称：五常厅抚民同知之关防
印章尺寸：9 cm×6 cm
用印日期：光绪十四年（1888）
印文类型：满汉合璧

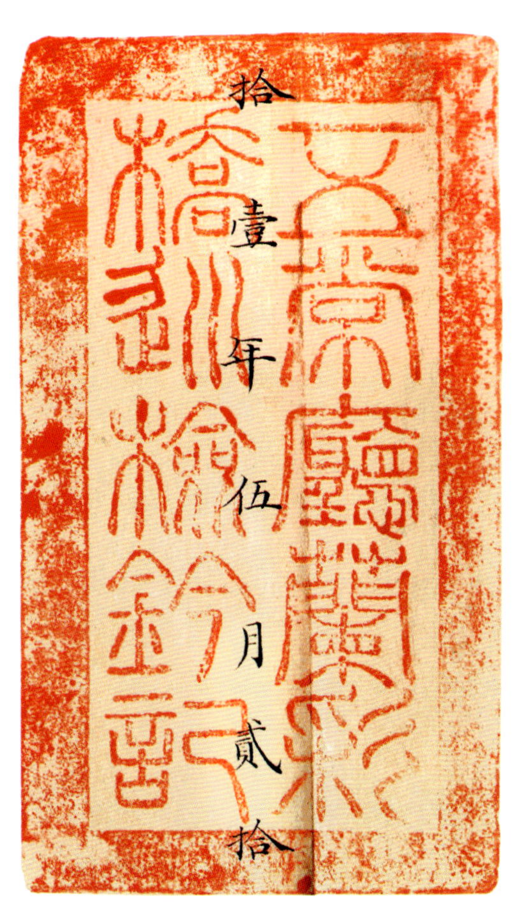

印章名称：五常厅兰彩桥巡检钤记
印章尺寸：9cm×5cm
用印日期：光绪十一年（1885）
印文类型：汉文

印章名称：五常厅巡检兼管司狱事之印
印章尺寸：6 cm×6 cm
用印日期：光绪十六年（1890）
印文类型：满汉合璧

印章名称：五常厅经历分防山河屯之印
印章尺寸：7 cm×7 cm
用印日期：光绪二十七年（1901）
印文类型：满汉合璧

三、州　治

伊通州

康熙九年（1670），清廷开始修筑柳条边门（即“新边”），设伊通边门。康熙二十年（1681）兴修“大御道”（北京皇华驿经盛京到吉林的驿道），伊通成为柳条边外吉林地方的一个重要交通要道。雍正六年（1728）设伊通佐领署管理旗人事务。嘉庆十九年（1814）添设伊通河分防巡检，管理当地民人事务。光绪八年（1882）正月二十八日置伊通州，隶属于吉林府，设知州 1 员，理事同知衔，同时设训导 1 员、吏目管司狱事 1 员、外委 1 员。首任知州彭明道。光绪十四年（1888）设磨盘山巡检 1 员，后改巡检为州同，归伊通州管辖。

印章名称：伊通州印
印章尺寸：7.5 cm×7.5 cm
用印日期：光绪十四年（1888）
印文类型：满汉合璧

印章名称：伊通州吏目管司狱事之条记
用印日期：光绪十六年（1890）
印章尺寸：8 cm×4.5 cm
印文类型：满汉合璧

临江州

光绪三十二年（1906）正月二十二日，吉林将军奏请于“富克锦东北之拉哈苏苏”（今黑龙江省同江市）设临江州，八月正式设置，理事同知衔，隶属依兰府。首任知州吴士澄。

印章名称：临江州之关防
印章尺寸：9 cm×6 cm
用印日期：光绪三十二年（1906）
印文类型：满汉合璧

四、县 治

敦化县

敦化，土名鄂多哩城，或称敖东城、阿克敦城。清初，属于长白山封禁区。光绪四年（1878），吉林将军派员前来视察，当年成立了阿克敦荒务局，至此开禁。光绪八年（1882）二月二十日，在阿克敦地方置设敦化县，隶属吉林府。县名敦化，取自《中庸》“小德川流，大德敦化”一语，含有“敦风化俗”之意。设知县 1 员、外委 1 员、训导 1 员、巡检 1 员。

印章名称：敦化县印
印章尺寸：6.5 cm×6.5 cm
用印日期：宣统二年（1910）
印文类型：满汉合璧

印章名称：敦化县巡检管典史事印
印章尺寸：6 cm×6 cm
用印日期：光绪十六年（1890）
印文类型：满汉合璧

农安县

农安取隆安、龙安谐音，俗名龙湾。清初，属郭尔罗斯前旗札萨克领地。道光五年（1825）置设龙湾乡，隶属长春厅。光绪八年（1882）正月二十八日，添设农安分防照磨（官名）1员，归长春厅领属。光绪十五年（1889），设立农安县，隶属长春府。设知县1员、训导1员、巡检管司狱事1员。分防照磨移设靠山屯。

印章名称：长春厅农安照磨之钤记
印章尺寸：9 cm×5 cm
用印日期：光绪十一年（1885）
印文类型：汉文

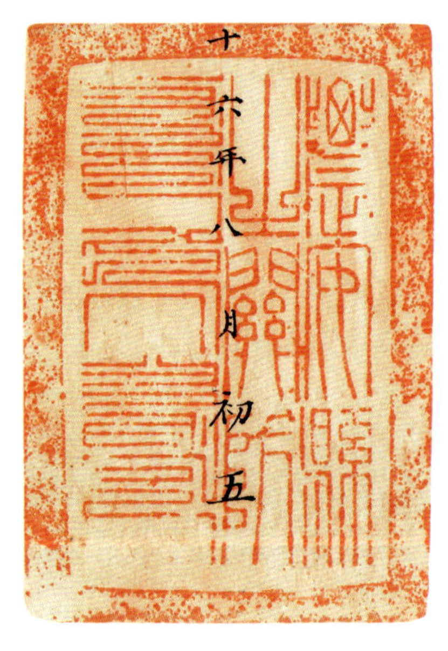

印章名称：农安县之关防
印章尺寸：9 cm×6 cm
用印日期：光绪十六年（1890）
印文类型：满汉合璧

磐石县

清初，磐石属吉林西围场地域，在相当长的时期处于封禁状态。自光绪初年部分围场地域解禁，光绪八年（1882）正月二十八日添设磨盘山分防巡检，隶属于伊通州。光绪十三年（1887）八月二十一日裁磨盘山分防巡检，改设磨盘山州同。光绪二十八年（1902）十二月二十六日升磨盘山州同为磐石县，隶属于吉林府，首任知县于凤冈。设县后州同移住赫尔苏地方，仍作伊通州分防。

印章名称：磐石县印
印章尺寸：6.5 cm×6.5 cm
用印日期：宣统元年（1909）
印文类型：满汉合璧

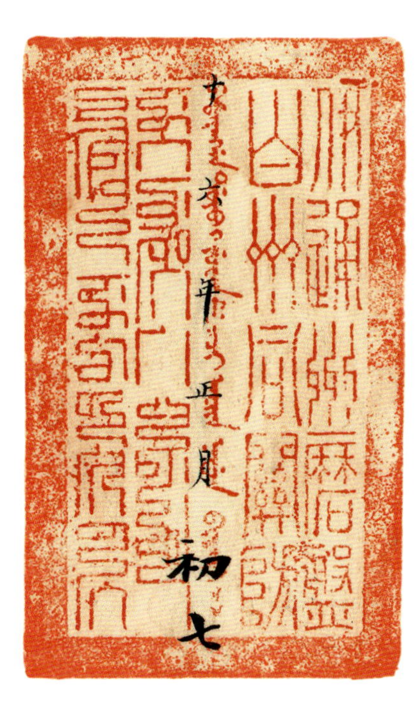

印章名称：伊通州磨盘山州同关防
印章尺寸：8.5 cm×5 cm
用印日期：光绪十六年（1890）
印文类型：满汉合璧

印章名称：磐石县之关防
印章尺寸：8.5 cm×5.5 cm
用印日期：光绪二十九年（1903）
印文类型：满汉合璧

长寿县

光绪六年（1880）十二月初八，吉林将军铭安奏请设置蚂蜓河分防巡检，驻烧锅甸子（今延河镇兴安村），后治署移福山屯（今延寿镇）。第一任分房巡检张绍庚。光绪二十九年（1903）十月改为县治，因境南有长寿山，定名长寿县，属宾州直隶厅管辖。设知县 1 员、典吏 1 员、训导 1 员，蚂蜓河分防巡检移驻一面坡。

印章名称：长寿县印
印章尺寸：6.5 cm×6.5 cm
用印日期：宣统元年（1909）
印文类型：满汉合璧

榆树县

清初，榆树属吉林伯都讷围场地域。嘉庆十六年（1811）在孤榆树屯设分防巡检，隶属于伯都讷厅。光绪八年（1882）正月二十八日，伯都讷厅迁治孤榆树屯，将孤榆树屯分防巡检改为厅衙门司狱。光绪三十二年（1906）伯都讷厅升为新城府，迁治新城（今扶余），于孤榆树屯设榆树县，隶属于新城府。设知县1员，兼理事衔。

印章名称：榆树县之关防
印章尺寸：8.5 cm×6 cm
用印日期：光绪三十二年（1906）
印文类型：满汉合璧

印章名称：榆树县兼理事衔之印
印章尺寸：6.5 cm×6.5 cm
用印日期：光绪三十四年（1908）
印文类型：满汉合璧

汤原县

光绪三十一年（1905）十一月二十八日，置汤原县。设治时因地处汤旺河平原，故以“汤原”命名，隶吉林省依兰府，光绪三十四年（1908）五月改归黑龙江省管辖。

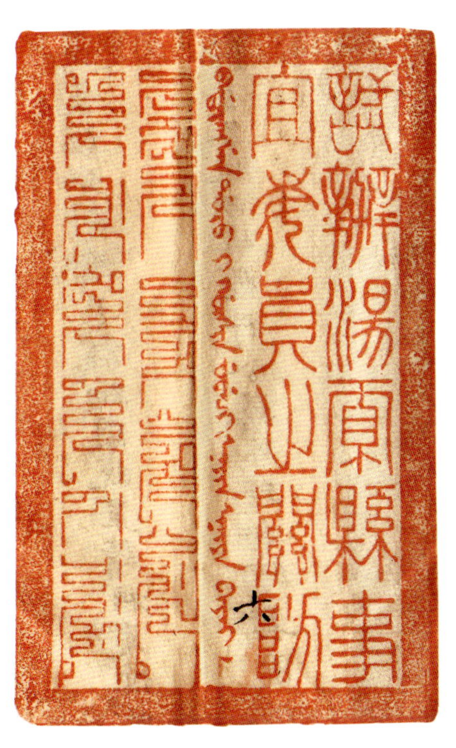

印章名称：试办汤原县事宜委员之关防
印章尺寸：9 cm×5.5 cm
用印日期：光绪三十二年（1906）
印文类型：满汉合璧

五、吉林分巡道

清代地方政权分省、府、县三级体制，并无道一级机构，道设于省、府之间，并不是一级政权，是省级政权的派出或办事机构。光绪八年（1882）之前，吉林地方并无道级机构，一切刑名词讼皆由吉林将军衙门刑司核办。从康熙六十年（1721）吉林地方添设永吉州，到光绪八年（1882）吉林全境设立了 8 个府厅州县，民署从无到有，且有快速发展的趋势。吉林将军深感吉林地方有添设监察和提理民刑机构的必要。光绪七年（1881）十一月初九，吉林将军铭安奏请要求添设分巡道，光绪八年（1882）五月二十日旨准添设，称“吉林分巡道”，或称“吉伯阿等处分巡道”。道台署驻吉林城东天街，与吉林将军衙门同城。最高官员为道员，首任道员顾肇熙。吉林分巡道对各府、厅、州、县无领属关系。道署内设吏房、户房、礼房、兵房、刑房、工房 6 科房，主要职能为管理吉林将军境内的民人诉讼案件，凡府、厅、州、县审定的民刑案件，均解分巡道察核审转。光绪三十二年（1906），吉林分巡道加按察使衔后，在诉讼案件方面“旗民兼理”，同时负有监督民署官吏的职责。吉林建省后，吉林分巡道无存在的必要，于光绪三十三年（1907）十二月十八日裁撤。

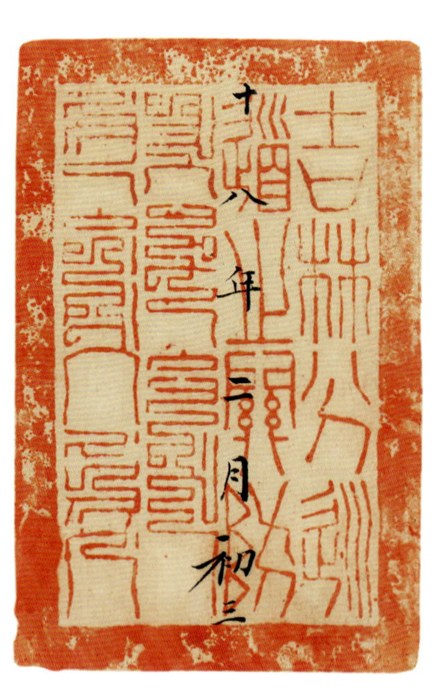

印章名称：吉林分巡道之关防
印章尺寸：9.5 cm×6 cm
用印日期：光绪十八年（1892）
印文类型：满汉合璧

第四节 吉林驻防

一、吉林八旗驻防

八旗驻防是清朝立国的根本制度之一。清入关后，就开始建立全国性八旗驻防体系，选择各重镇要地派驻八旗兵丁，设置将军、都统、副都统等员，最终建立起完备的全国范围内的八旗驻防体系，为维护清朝统治发挥了极其重要的作用。

努尔哈赤在统一女真各部过程中，创建了满洲八旗制度。在明代万历二十九年（1601），正式创建军制，即满洲四旗制度，编旗为兵，将征战兵卒编制成正黄旗、正白旗、正红旗、正蓝旗。明万历四十三年（1615）又增编四旗，即镶黄旗、镶白旗、镶红旗、镶蓝旗。正四旗与镶四旗合称为满洲八旗。八旗有一定的次序，以正黄、镶黄、正白为上三旗，正红、镶白、镶红、正蓝、镶蓝为下五旗。八旗按方向定其位置，分左翼右翼，左翼含镶黄、正白、正蓝、镶白四旗，右翼含正黄、正红、镶红、镶蓝四旗。每旗兵员编制以 300 人为 1 牛录，5 牛录为 1 甲喇，5 甲喇为 1 固山。顺治十七年（1660）以后，逐渐编成和扩编了汉军八旗、蒙古八旗，其旗色、编制、职官称谓与满洲八旗相同。

吉林驻防八旗中最高职官是吉林将军，以下为专防驻防副都统、协领、佐领、骁骑校、领催、前锋、甲兵（16至60岁壮丁中及第者称为披甲，未及第者称为西丹，为八旗预备兵），此外还有匠役、官庄壮丁、驿站丁和边台丁。主要驻防17城，即吉林乌拉、五常堡、乌拉、伊通河、额穆赫索罗、伊通门、巴彦鄂佛罗门、赫尔苏门、布尔图库巴彦罕门、伯都讷、珲春、三姓、富克锦、阿勒楚克、拉林、双城堡、宁古塔。据光绪十八年（1892）吉林兵司册报，吉林驻防八旗官兵15836员。

清初的八旗官兵，为开创清朝政权，统一全国，立下了赫赫战功。吉林八旗更是精锐部分，曾有“吉林劲旅为天下最”的誉称。但是，伴随着清朝统治兴衰历史，吉林驻防八旗兵制，经历了自己的兴盛和衰亡的路程。特别是到甲午战争以后，吉林驻防八旗急剧衰落，新式军队逐步取代了八旗兵。

二、吉林练军

同治四年（1865）清廷首从直隶开始，编定训练新式军队，定称“练军”，令东三省效仿。同治六年（1867）四月十一日，吉林将军富明阿奏准，编练专事剿匪的吉林练军，由全营翼长统之。吉林从全境西丹中挑选3000名，编练马步兵勇进行训练，至光绪三年（1877）规制始臻完备。据吉林将军希元于光绪十一年（1885）十二月造具的《防练两军各项数目清册》记载：练军营有马队、步队、洋枪队、抬枪队、水师营等分别驻扎各城、站，另有骁勇营步队、吉胜营马队，归吉林将军直接统辖。光绪十九年（1893），又编成太冲营，分中、前、左、右、后5营，驻扎各地。另设有吉林练军文案处、粮饷处、营务处等机构，吉林练军文案处使用“吉林将军行营文案翼长关防”，吉林练军粮饷处使用“吉林将军行营总理粮饷事宜关防”，吉林练军营务处使用“吉林全省营务处总理之关防”。光绪二十六年（1900）吉林练军遭受俄国侵略者打击而解体。

印章名称：总理全营翼长副都统行营关防
印章尺寸：10.5 cm×7.5 cm
用印日期：同治五年（1866）
印文类型：汉文

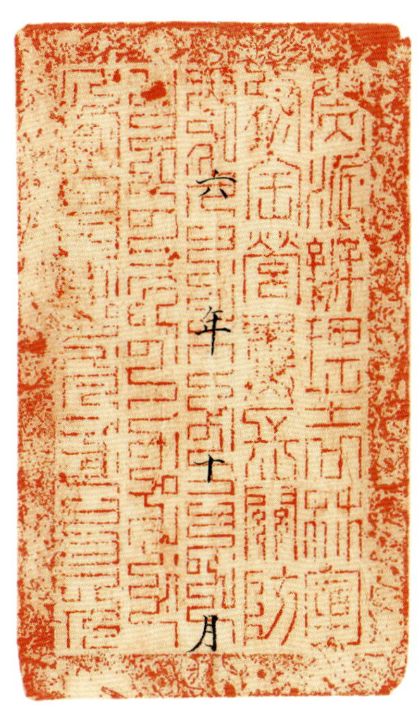

印章名称：奏派办理吉林军务全营翼长关防
印章尺寸：9.5 cm×6 cm
用印日期：光绪六年（1880）
印文类型：满汉合璧

印章名称：统领吉林吉胜营马步练军之关防
印章尺寸：10 cm×6 cm
用印日期：光绪六年（1880）
印文类型：汉文

印章名称：统领吉林骁踊营步队之关防
印章尺寸：9.5 cm×6 cm
用印日期：光绪十一年（1885）
印文类型：汉文

印章名称：管带吉林骁踊右营步队钤记
印章尺寸：8.5 cm×4.5 cm
用印日期：光绪十六年（1890）
印文类型：汉文

印章名称：管带吉林骁踊左营步队钤记
印章尺寸：8.5 cm×4.5 cm
用印日期：光绪十四年（1888）
印文类型：汉文

印章名称：管带洋枪队伍右翼营总戳记
印章尺寸：10 cm×6 cm
用印日期：光绪十九年（1893）
印文类型：汉文

印章名称：吉林抬枪步队营总图记
印章尺寸：8.5 cm×5 cm
用印日期：光绪四年（1878）
印文类型：满汉合璧

印章名称：统领吉林太冲营之关防

印章尺寸：10 cm×6.5 cm

用印日期：光绪二十一年（1895）

印文类型：汉文

吉林练军文案处　光绪三年（1877）成立练军文案处，并与行营文案处合署办公，行营文案翼长兼办练军文案翼长事务。光绪三年（1877）九月二十日正式启用吉林将军行营文案翼长关防。吉林练军文案处主要承办军辕批、签发文件、外来咨报移付呈请诸事，为公事出入之总汇。

印章名称：吉林将军行营文案翼长关防
印章尺寸：10.5 cm×6 cm
用印日期：光绪十六年（1890）
印文类型：满汉合璧

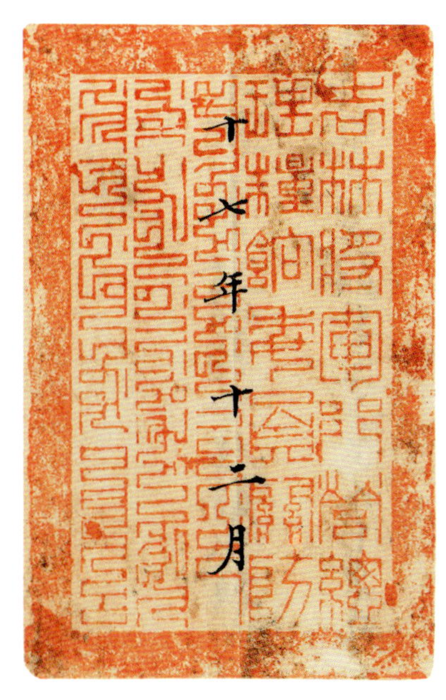

印章名称：吉林将军行营总理粮饷委员关防
印章尺寸：10.5 cm×6 cm
用印日期：光绪十七年（1891）
印文类型：满汉合璧

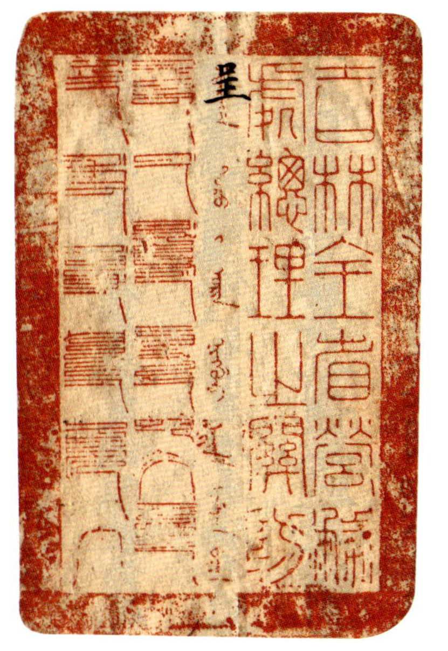

印章名称：吉林全省营务处总理之关防
印章尺寸：11 cm×7 cm
用印日期：光绪二十八年（1902）
印文类型：满汉合璧

印章名称：将军行营文案处之钤记
印章尺寸：11.5 cm×6.5 cm
用印日期：光绪三年（1877）
印文类型：汉文

三、吉林靖边军

吉林靖边军专为边防而设。光绪六年（1880）吉林将军铭安、三品衔帮办吴大澂先后奏请筹办吉林东南边防，在吉林东部地区招募马步兵勇 10000 人。翌年（1881），裁撤 2000 人，调外省 1000 人，实有 7000 人，分防宁古塔、三姓、珲春等中俄边境要隘。专设督办大员，以吴大澂担任。防军成立伊始，设巩字军、卫字军、绥字军、安字军及靖边各军。光绪十年（1884）撤去巩、卫、绥、安各军，专以靖边为名，定称靖边军。靖边军分中、前、左、右、后五路及亲军共 17 营 3 哨，计官兵 8440 人。设边务文案处、边务粮饷处、边防营务处、边务承办处等机构，并在三岔口设招垦总局，在穆棱河、珲春、五道沟、南岗设招垦分局。光绪十五年（1889）四月设立吉林靖边水师营，分别于松花江、图们江等江河流域巡哨，剿灭匪患。吉林靖边军是东北地区具有保卫边防意义的一支边防军队，为吉林近代边防军雏形。在光绪二十六年（1900）遭受俄国侵略者的打击而解体。

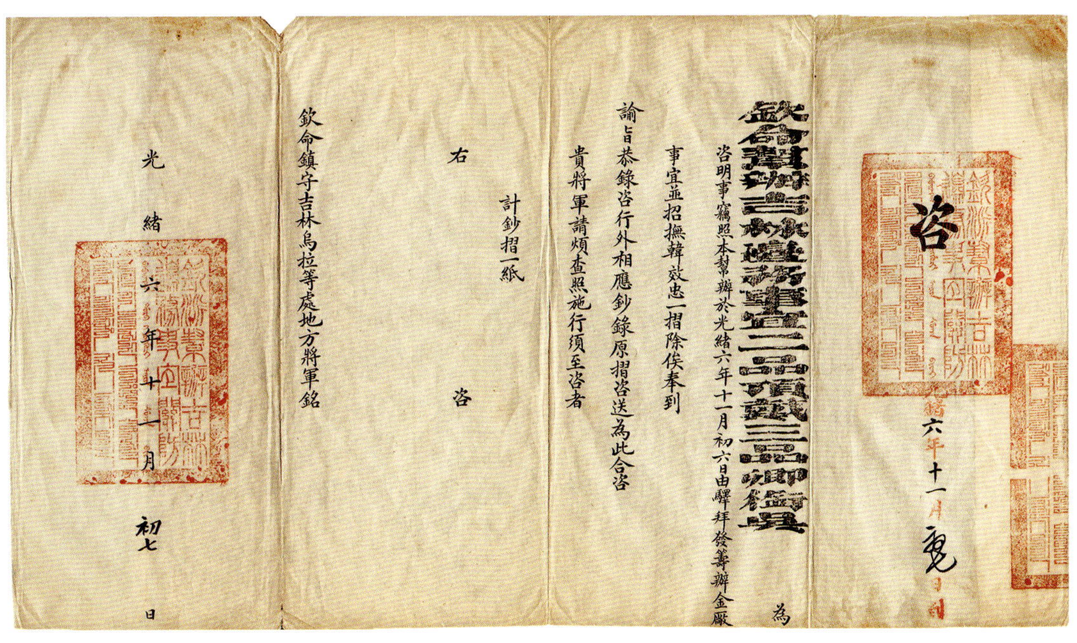

咨

六年十一月

欽命幫辦吉林邊務事宜三品頂戴三品卿銜吳 為

咨明事竊照本幫辦於光緒六年十一月初六日由驛拜發籌辦金廠事宜並招撫韓效忠一摺除俟奉到

諭旨恭錄咨行外相應鈔錄原摺咨送為此合咨

貴將軍請煩查照施行須至咨者

計鈔摺一紙

右咨

欽命鎮守吉林烏拉等處地方將軍銘

光緒六年十一月初七日

□ 光绪六年（1800）吴大澂“钦命帮办吉林边务事宜关防”

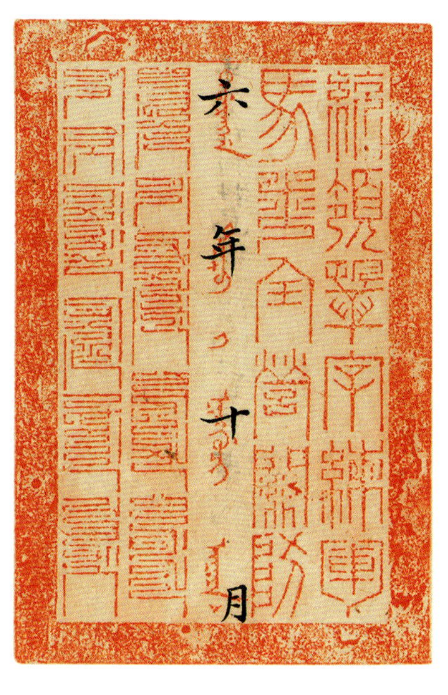

印章名称：统领巩字练军马步全营关防
印章尺寸：9.5 cm×6 cm
用印日期：光绪六年（1880）
印文类型：满汉合璧

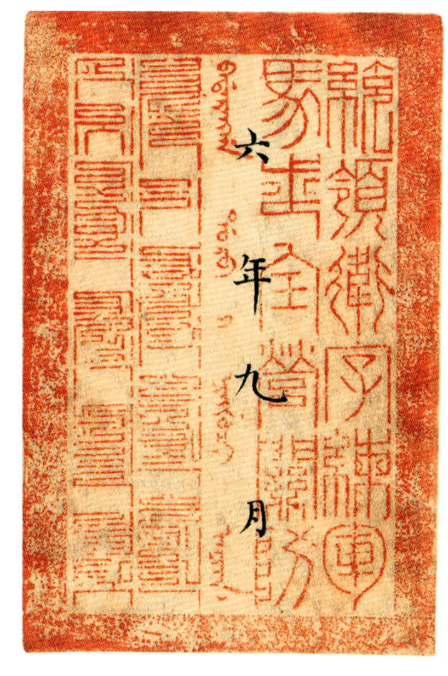

印章名称：统领卫字练军马步全营关防
印章尺寸：9.5 cm×6 cm
用印日期：光绪六年（1880）
印文类型：满汉合璧

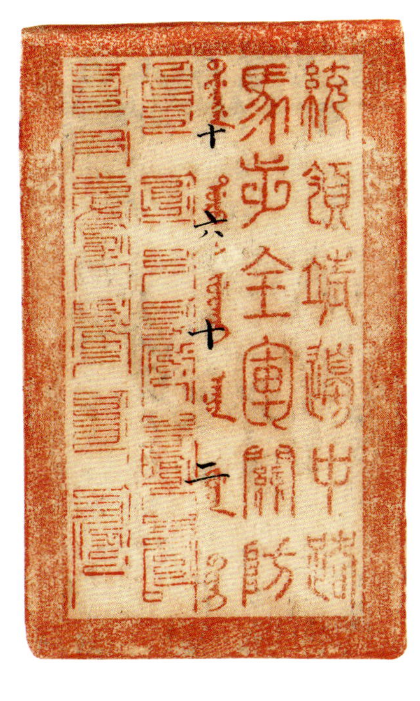

印章名称：统领靖边中路马步全军关防
印章尺寸：10 cm×6 cm
用印日期：光绪十六年（1890）
印文类型：满汉合璧

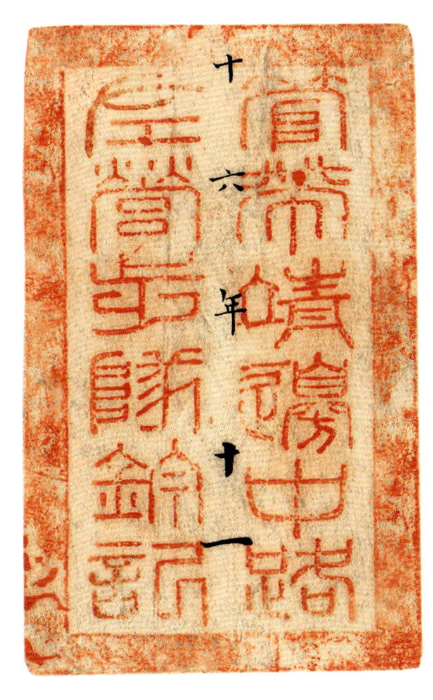

印章名称：管带靖边中路左营步队钤记
印章尺寸：8.5 cm×5 cm
用印日期：光绪十六年（1890）
印文类型：汉文

印章名称：统带吉军靖边中路各营呼兰副都统之关防
印章尺寸：9.5 cm×6 cm
用印日期：光绪六年（1880）
印文类型：满汉合璧

印章名称：管带靖边中路右营步队钤记
印章尺寸：8.5 cm×5 cm
用印日期：光绪十六年（1890）
印文类型：汉文

印章名称：统领靖边前路马步全军关防

印章尺寸：10 cm × 6 cm

用印日期：光绪十七年（1891）

印文类型：满汉合璧

印章名称：管带靖边前路左营马队钤记

印章尺寸：8.5 cm × 5 cm

用印日期：光绪十六年（1890）

印文类型：汉文

印章名称：统领靖边左路马步全军关防
印章尺寸：10 cm×6 cm
用印日期：光绪十七年（1891）
印文类型：满汉合璧

印章名称：管带靖边前路右营步队钤记
印章尺寸：8.5 cm×5 cm
用印日期：光绪十六年（1890）
印文类型：汉文

印章名称：管带靖边左路左营马队钤记
印章尺寸：8.5cm×5cm
用印日期：光绪十六年（1890）
印文类型：汉文

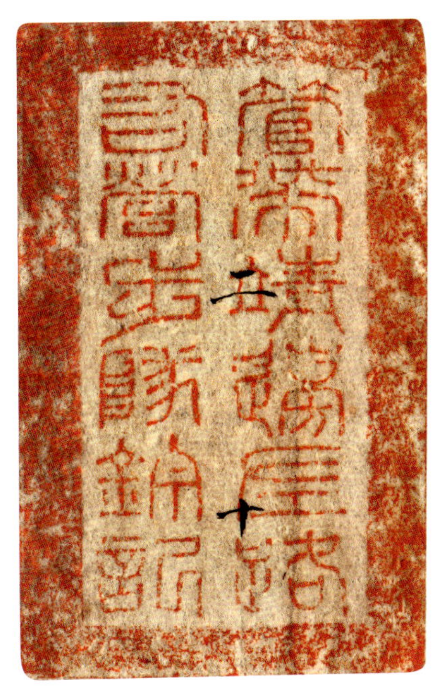

印章名称：管带靖边左路右营步队钤记
印章尺寸：8.5cm×5cm
用印日期：光绪二十年（1894）
印文类型：汉文

印章名称：统领靖边右路马步全军关防
印章尺寸：10 cm×6 cm
用印日期：光绪十七年（1891）
印文类型：满汉合璧

印章名称：统带吉军靖边左路各营宁古塔副都统关防
印章尺寸：10 cm×6 cm
用印日期：光绪六年（1880）
印文类型：满汉合璧

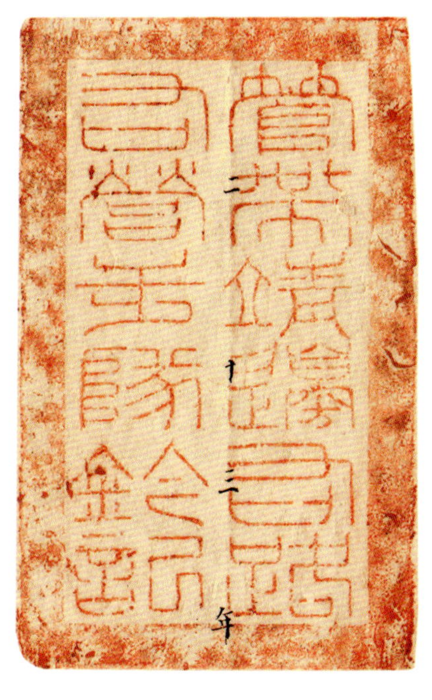

印章名称：管带靖边右路右营步队钤记
印章尺寸：8.5cm×5.5cm
用印日期：光绪二十三年（1897）
印文类型：汉文

印章名称：管带靖边右路左营马队钤记
印章尺寸：8.5cm×5cm
用印日期：光绪十九年（1893）
印文类型：汉文

印章名称：统领靖边后路马步全军关防
印章尺寸：10 cm×6 cm
用印日期：光绪十六年（1890）
印文类型：满汉合璧

印章名称：管带靖边后路左营马队钤记
印章尺寸：8.5 cm×5 cm
用印日期：光绪十六年（1890）
印文类型：汉文

印章名称：统领靖边亲军马步全军关防
印章尺寸：10 cm×6 cm
用印日期：光绪十七年（1891）
印文类型：满汉合璧

印章名称：管带靖边后路右营步队钤记
印章尺寸：8.5 cm×5 cm
用印日期：光绪十七年（1891）
印文类型：汉文

印章名称：管带靖边亲军右营步队钤记
印章尺寸：8.5 cm×5 cm
用印日期：光绪十六年（1890）
印文类型：汉文

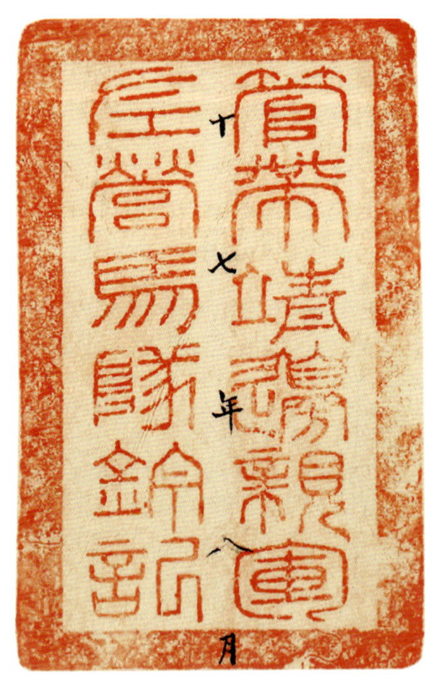

印章名称：管带靖边亲军左营马队钤记
印章尺寸：8.5 cm×5 cm
用印日期：光绪十七年（1891）
印文类型：汉文

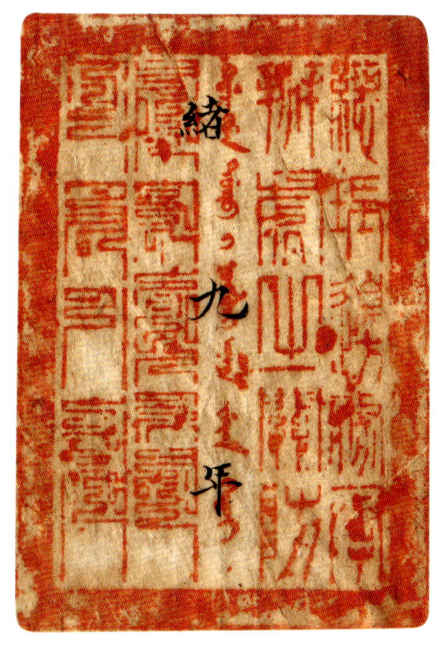

印章名称：总理边务承办处之关防
印章尺寸：9cm×6cm
用印日期：光绪九年（1883）
印文类型：满汉合璧

印章名称：管带靖边水师炮船钤记
印章尺寸：8.5cm×5cm
用印日期：光绪十六年（1890）
印文类型：汉文

印章名称：督办吉林边务文案处之关防
印章尺寸：10.5 cm×6.5 cm
用印日期：光绪二十年（1894）
印文类型：满汉合璧

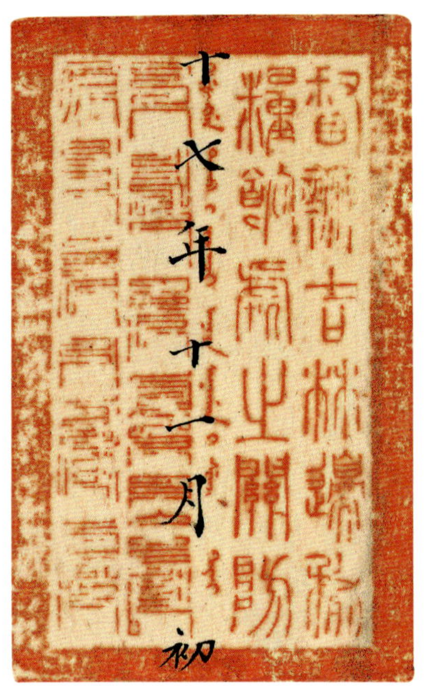

印章名称：督办吉林边务粮饷处之关防
印章尺寸：10 cm×6 cm
用印日期：光绪十七年（1891）
印文类型：满汉合璧

印章名称：委办三岔口招垦局关防
印章尺寸：9.5 cm×6 cm
用印日期：光绪二十九年（1903）
印文类型：满汉合璧

印章名称：督办吉林边防营务处之关防
印章尺寸：10 cm×6 cm
用印日期：光绪十年（1884）
印文类型：满汉合璧

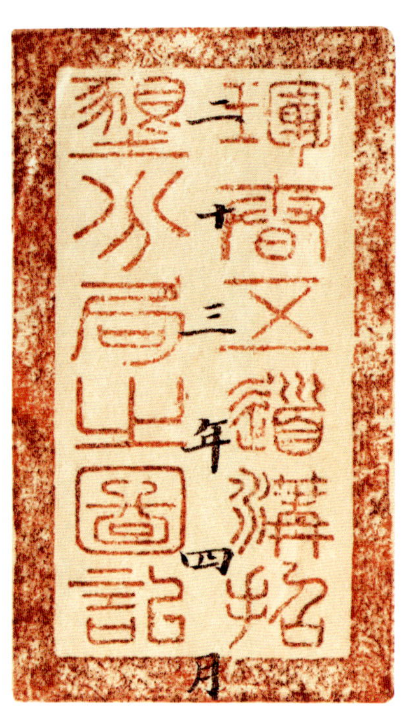

印章名称：珲春五道沟招垦分局之图记
印章尺寸：8.5 cm×4.5 cm
用印日期：光绪二十三年（1897）
印文类型：汉文

印章名称：委办珲春招垦局之关防
印章尺寸：9.5 cm×5.5 cm
用印日期：光绪二十八年（1902）
印文类型：满汉合璧

印章名称：委办三岔口穆棱河招垦分局委员钤记

印章尺寸：8.5cm×5.5cm

用印日期：光绪二十三年（1897）

印文类型：汉文

四、吉字军

光绪十一年（1885）十二月，由特简练兵大臣穆图善奏准，编练辽宁盛字军、吉林吉字军、黑龙江齐字军。翌年编成 10 营。吉字军隶属于海军衙门，由吉林将军代管，并规定“非重大军务奉旨出征不准擅调”，实为东三省战略预备队之一。吉字军于光绪二十一年（1895）调赴辽海，参加中日“甲午战争”被击溃遣散。

印章名称：总统吉字马步练军关防
印章尺寸：11.5 cm×7.5 cm
用印日期：光绪十四年（1888）
印文类型：满汉合璧

五、扑盗队

吉林将军境内的练军和靖边军，在光绪二十六年（1900）遭受俄国侵略者的打击而解体。是年，为维护地方治安，招募扑盗队，计 40 营 15485 人。扑盗队不是正规军队，分驻全境各城乡，分称吉兴、吉宁、吉强、吉安、吉胜、吉新、精锐（左右）、姓军、阿军等名号。

印章名称：统领吉兴军马步各营之关防
印章尺寸：10.5 cm×6.5 cm
用印日期：光绪三十三年（1907）
印文类型：汉文

印章名称：管带吉兴左营步队钤记
印章尺寸：8.5 cm×5.5 cm
用印日期：光绪三十年（1904）
印文类型：汉文

印章名称：管带吉宁军右营步队之钤记
印章尺寸：9.5 cm×6 cm
用印日期：光绪三十年（1904）
印文类型：汉文

印章名称：管带吉宁军前营步队之钤记
印章尺寸：9.5 cm×6 cm
用印日期：光绪三十年（1904）
印文类型：汉文

印章名称：统领吉安军马步各营之关防
印章尺寸：11 cm×7 cm
用印日期：光绪三十三年（1907）
印文类型：汉文

印章名称：统领吉强军马步各队之关防
印章尺寸：10 cm×6.5 cm
用印日期：光绪三十年（1904）
印文类型：汉文

印章名称：统领吉安三营兼带中营步队关防
印章尺寸：10.5 cm × 6.5 cm
用印日期：光绪二十九年（1903）
印文类型：汉文

印章名称：管带吉胜新军右营钤记
印章尺寸：8.5 cm × 5.5 cm
用印日期：光绪三十年（1904）
印文类型：汉文

印章名称：统领精锐左翼马步各营关防
印章尺寸：10.5 cm×6.5 cm
用印日期：光绪三十三年（1907）
印文类型：汉文

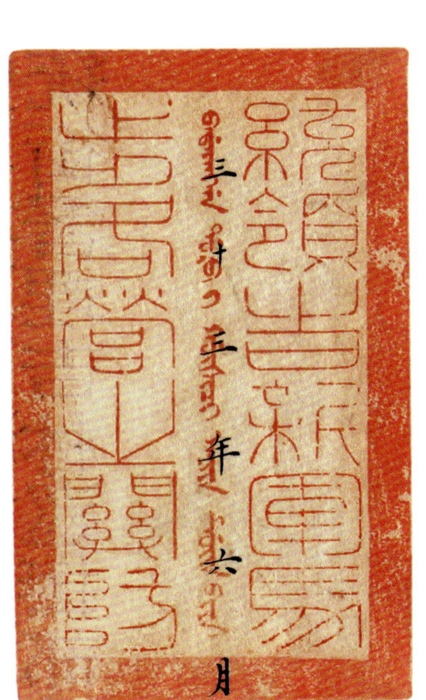

印章名称：统领吉新军马步各营之关防
印章尺寸：10.5 cm×6.5 cm
用印日期：光绪三十三年（1907）
印文类型：汉文

印章名称：统领精锐右翼马步各营关防
印章尺寸：10.5 cm×6.5 cm
用印日期：光绪三十三年（1907）
印文类型：汉文

印章名称：统领吉林精锐营步队之关防
印章尺寸：10 cm×6 cm
用印日期：光绪二十一年（1895）
印文类型：汉文

印章名称：统领三姓军马步各营之关防
印章尺寸：10.5 cm×6.5 cm
用印日期：光绪三十三年（1907）
印文类型：汉文

印章名称：统领阿勒楚喀马步各营关防
印章尺寸：10.5 cm×6.5 cm
用印日期：光绪三十三年（1907）
印文类型：汉文

六、军事学堂

吉林武备学堂于光绪二十二年（1896）春设立，光绪二十六年（1900）二月二十九日启用关防。吉林武备学堂是一所军事学堂，是为军队培养军官的学校。学生主要来源于边军抽调的兵勇。学堂由总办负责，下设有会办 1 员、提调 1 员、委员 2 员、文教习 5 员、武教习 7 员，帮教 5 名、学长 16 名、靠把 16 名，以及书识、号兵、护勇、夫役、听差等。学堂开设文、武两科。文科主要学习兵略、历史及韵学；武科主要学习行军学、炮学、绘图学、算学、三角学、勾股、操演、枪学及打把。光绪二十六年（1900），俄国入侵中国东北，该学堂被俄国人占据。光绪二十六年（1900）十一月初八，吉林武备学堂裁撤。

印章名称：总办吉林武备学堂关防
印章尺寸：10.5 cm×6.5 cm
用印日期：光绪二十六年（1900）
印文类型：满汉合璧

七、吉林机器局

吉林机器局是东北地区第一个军火工厂。19 世纪中叶，俄国通过不平等条约侵吞了中国东北大片领土后，其贪心仍不满足，又不断向我国东北边境增兵，继续对东北边境进行挑衅，严重地威胁着我国的安全。鉴于这种情况，清政府先后采取多项措施，力图保障东北边疆的安全。光绪六年（1880）三月，清廷发布谕旨，派吴大澂以钦差大臣的身份到吉林，协助吉林将军铭安督办吉林防务。吴大澂到吉林后，创立一支近万人的“靖边军”，并购置了大量新式武器。以往东北地区所需新式武器的弹药，全靠关内天津等机器局供应，因路途遥远很难及时送达，且运费繁多，一旦遇有战事，后果不堪设想。因此，就地建厂生产新式弹药已刻不容缓。光绪七年（1881）五月十九日，吴大澂上书清廷请求批准在吉林城兴建机器局，生产枪弹供应吉林、黑龙江两省边防军以对抗俄国来犯。六月，清廷批准了吴大澂的请求，先后拨银 35 万两作为兴建吉林机器局和要塞炮台的经费。

光绪八年（1882）三月，吉林机器局于吉林省城（今吉林市）东南 4 千米松花江北岸破土动工。次年十月，工厂竣工并投入试生产，光绪十一年（1885）正式生产。吉林机器局是东北第一个近代工业基地，由曾经在天津机器局当过提调的宋春鳌担当机器局总办。建厂初期，全局共 430 人，至光绪十五年（1889）人数增至 822 人。工厂需用的主要机器设备，都是从美国、德国进口的。吉林机器局的产品，有火药、枪炮子弹以及少量的枪支，同时还生产一些小型的船舰。其生产的大量弹药，主要供给吉林边防军，从光绪十七年（1891）起，还供应黑龙江省边防军所需军火。光绪二十六年（1900）九月，俄国入侵吉林后，彻底捣毁机器局的机器设备。 这座前后耗银近 250 万两的吉林机器局，成了沙俄侵略者的兵营。吉林机器局后改为制造银圆局。

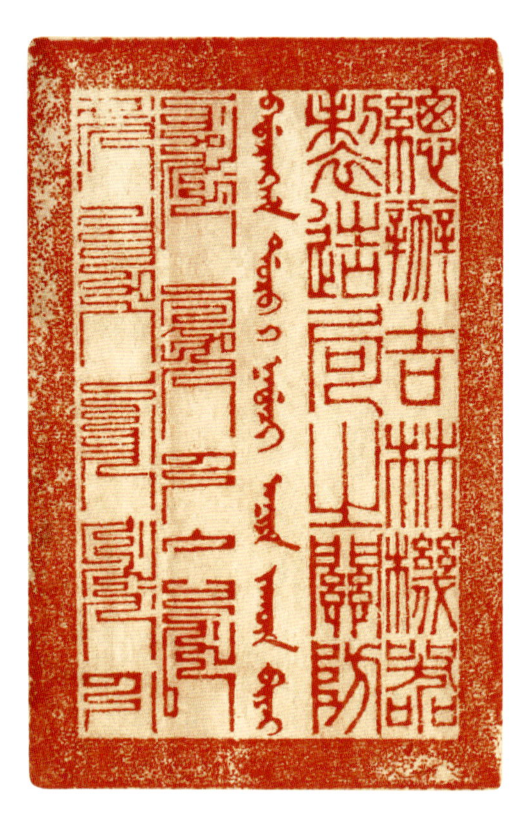

印章名称：总办吉林机器制造局之关防

印章尺寸：9cm×6cm

用印日期：光绪十四（1888）

印文类型：满汉合璧

第二章　清代吉林行省制时期机构

第一节

行省公署及内设机构

光绪三十三年（1907）三月初八，吉林行省设立，吉林行省公署为最高行政机关，设有民政司、度支司、交涉司、提法司、提学司、劝业道、文案处、旗务处等办事机构。

印章名称：吉林省印
印章尺寸：10.5 cm×10.5 cm
用印日期：宣统三年（1911）
印文类型：满汉合璧

印章名称：吉林省印
印章尺寸：10.5 cm×10.5 cm
用印日期：光绪三十四年（1908）
印文类型：满汉合璧

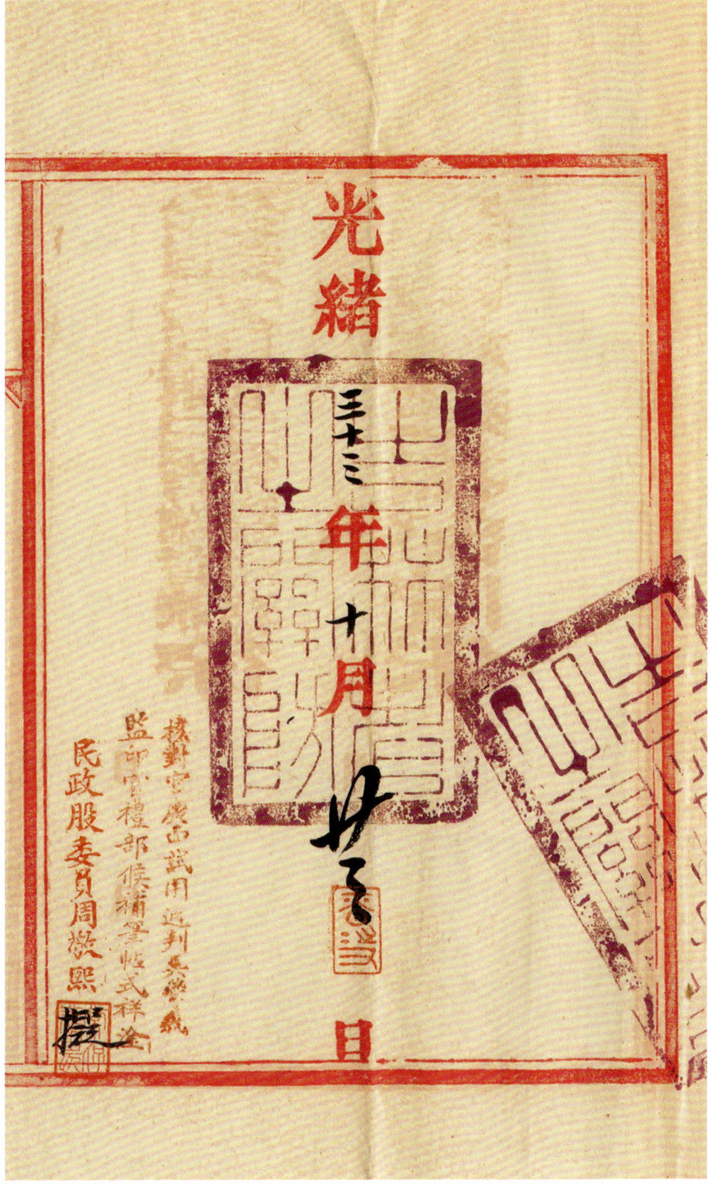

印章名称：吉林省之关防

用印日期：光绪三十三年（1907）

印章尺寸：10 cm×6 cm

印文类型：汉文

民政司

民政司设于光绪三十三年（1907）十二月初六，一直延续到民国二年（1913）。光绪三十四年（1908）十二月二十日遵照民政部章，札发木质关防一颗，文曰“吉林省民政司关防”。民政司最高长官为民政司使。民政司分设民治科、警政科、营缮科、疆理科、庶务科，执掌全省民治、巡警、消防、卫生、土地、户籍、图志等事宜。后期还掌理府、厅、州、县官员的考核、升迁、调补等事宜，机构又增设铨政、统计、筹赈3科。民政司所属局、会、学堂、驿站等25个机构。

印章名称：吉林省民政司关防
印章尺寸：9 cm×5.5 cm
用印日期：光绪三十四年（1908）
印文类型：汉文

印章名称：吉林省民政司之印
印章尺寸：8.5 cm×8.5 cm
用印日期：宣统二年（1910）
印文类型：满汉合璧

度支司

度支司设于光绪三十三年（1907）三月，十二月初六遵照度支部章札发木质关防一颗，文曰“吉林省度支司关防”。宣统元年（1909）二月二十七日，札发部颁光字 2452 号度支司铜印一颗，于闰二月初一启用。度支司最高长官为度支司使。首任度支司使陈玉麟。内设机构初设总务科、庶务科、赋税科、主计科，宣统三年（1911），又增设吉林改正税则编制处和清理卷册处。吉林省度支司掌管全省财政，其具体职能包括总核各局所请销经费；府厅州县官员交代报销；综合各级征收地丁、钱粮、租赋、店当杂税，综合各统税局征收所有厘捐、税收数目报册并收入各款注帐事宜；支放全省旗署官兵俸饷、抚院各司道养廉公费及奏销事宜，管理各署公仓粮谷出入数目等。

印章名称：吉林省度支司之印
印章尺寸：8.5 cm × 8.5 cm
用印日期：宣统二年（1910）
印文类型：满汉合璧

印章名称：吉林省度支司关防
印章尺寸：9 cm × 5.5 cm
用印日期：光绪三十四年（1908）
印文类型：汉文

交涉司

交涉司设于光绪三十三年（1907）十二月十八日，交涉司最高长官为交涉司使，首任交涉司使邓邦述。交涉司内设机构为总务科、界约科、互市科，其主要职能是办理全省边务、电政、船政、军政、产业货税、商埠贸易、游历、传教等有关交涉事宜。光绪三十四年（1908）札发木质关防一颗，文曰“吉林省交涉司关防”。宣统元年（1909）二月二十七日，札发部颁光字2453号铜印一颗，于闰二月初一启用，前木质关防缴销。

印章名称：吉林省交涉司关防
印章尺寸：9 cm×5.5 cm
用印日期：光绪三十四年（1908）
印文类型：汉文

印章名称：吉林省交涉司之印
印章尺寸：8.5 cm×8.5 cm
用印日期：宣统元年（1909）
印文类型：满汉合璧

提法司

提法司设于光绪三十三年（1907）四月十三日，提法司最高长官为提法司使。提法司内设机构为总务科、民事科、刑事科、典狱科。掌全省司法行政事务，监督本司佥事以下及本省各级审判厅、检察厅，并管辖全省监狱、罪犯习艺事宜。

印章名称：吉林省提法司之印
印章尺寸：8.5 cm×8.5 cm
用印日期：宣统二年（1910）
印文类型：满汉合璧

印章名称：吉林省提法司关防
印章尺寸：9 cm×5.5 cm
用印日期：光绪三十四年（1908）
印文类型：汉文

提学司

吉林向无学政，考试事宜一直由奉天学政监理。光绪三十年（1904）十二月，遵照学部章程于省城（今吉林市）设立学务处，筹划全省教育事宜。处内设总办，松毓为总办，下设监督、教务提调、文案、会计、检察、杂务、图书、仪器、卫生等官员。光绪三十二年（1906）四月二十日裁撤学务处，设立吉林省提学司，十一月初九启用木质“吉林省提学司关防”。提学司最高长官为提学司使，首任提学司使吴鲁。光绪三十三年（1907）七月初三，礼部领到铜质“吉林提学使司之印”，同时缴销木质关防。吉林省提学司总理全省教育行政，稽核校规及考试等项事务。业务上归学部考查。提学司设议长 1 人，议绅 4 人，佐助提学司使参划学务；内设总务科、普通科、会计科、专门科、实业科、图书科、统计处。下设吉林教育官报编印局。

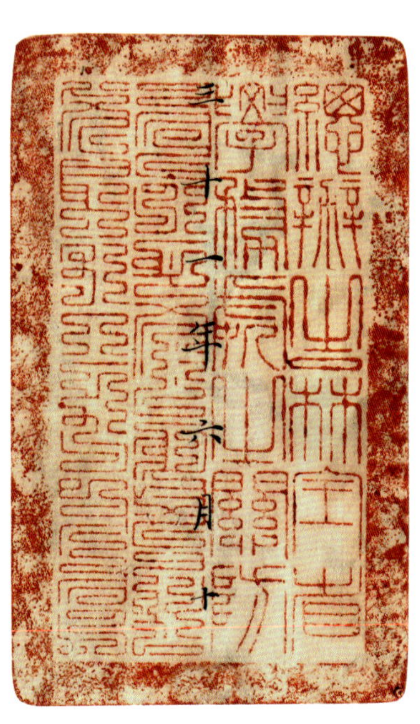

印章名称：总办吉林全省学务处之关防
用印日期：光绪三十一年（1905）
印章尺寸：11 cm×6.5 cm
印文类型：满汉合璧

印章名称：吉林提学使司之印
印章尺寸：8.5 cm×8.5 cm
用印日期：光绪三十四年（1908）
印文类型：满汉合璧

印章名称：吉林提学使司提学使之关防

印章尺寸：9.7 cm×5.8 cm

用印日期：光绪三十三年（1907）

印文类型：满汉合璧

印章名称：吉林教育官报编印局之关防

印章尺寸：9.5 cm×5.5 cm

用印日期：光绪三十四年（1908）

印文类型：汉文

劝业道

光绪三十三年（1907）十一月初七试署，是年十二月初六启用木质“吉林省劝业道关防”。劝业道最高长官为道台，首任道台为徐鼎康。吉林劝业道是吉林行省的直属机构，同时接受中央农工商部、邮传部在业务方面的指导。吉林劝业道专管全省农、工、商、矿、林业、水路陆路交通、邮政等各项事宜。内设总务科、农务科、工艺科、商务科、矿务科、邮传科。

印章名称：吉林省劝业道关防
印章尺寸：9 cm×5.5 cm
用印日期：光绪三十四年（1908）
印文类型：汉文

印章名称：吉林省劝业道关防
印章尺寸：9 cm×5.5 cm
用印日期：光绪三十四年（1908）
印文类型：汉文

文案处

光绪三十三年（1907）五月，吉林将军衙门原设之全省行营文案处与印务处裁并为文案处，其内设机构为六股三处，即交涉股、民政股、财政股、学务股、军政股、法政股、庶务处、收发处、掌案处，掌机要、考绩、文牍、庶务及典守堂印、收发文件等，是公署行政之枢纽、公事出入之总汇之区。文案处最高长官为总理。

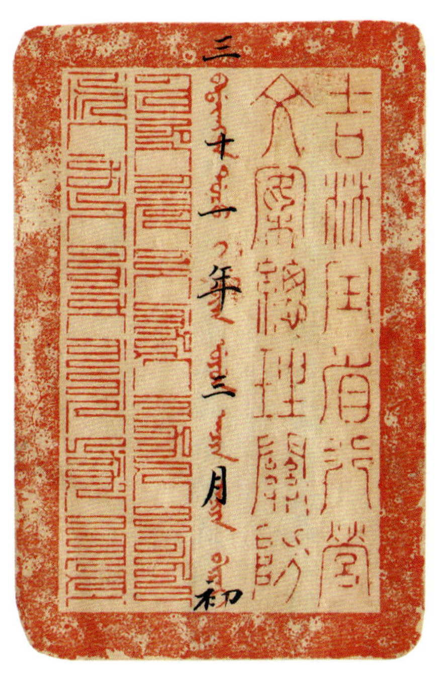

印章名称：吉林全省行营文案总理关防
印章尺寸：11.5 cm×7 cm
用印日期：光绪三十一年（1905）
印文类型：满汉合璧

印章名称：吉林全省行营发审处关防
印章尺寸：9.5 cm×6 cm
用印日期：宣统三年（1911）
印文类型：汉文

旗务处

光绪三十三年（1907）六月二十八日成立调查全省旗务处。同年十二月，兵司与调查全省旗务处合并改称吉林全省旗务处，光绪三十四年（1908）三月初二，启用“吉林全省旗务处”关防。吉林全省旗务处是统辖全省旗营事务的总机关，内设机构为仪制股、军衡股、稽赋股、庶务股。光绪三十四年（1908）八月，增设统计处，十一月改股为科。宣统三年（1911）六月初一，添设蒙务科，接办吉林蒙务处事项。吉林全省旗务处归督抚节制，最高长官为总理，首任总理为恩庆。

印章名称：吉林全省旗务处之关防
印章尺寸：9.5cm×6cm
用印日期：光绪三十四年（1908）
印文类型：满汉合璧

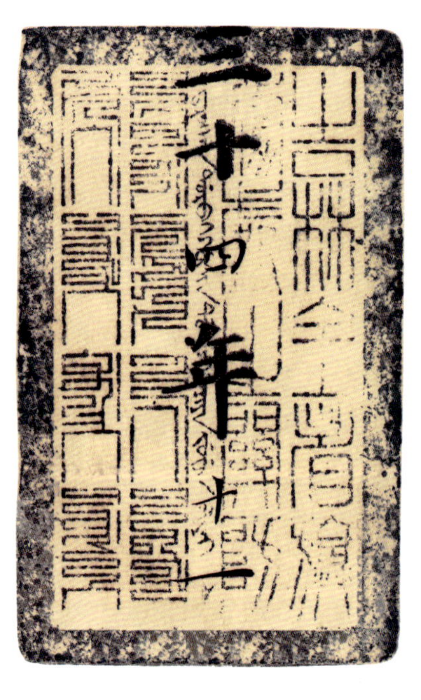

印章名称：吉林全省旗务处之关防
印章尺寸：9cm×6cm
用印日期：光绪三十四年（1908）
印文类型：满汉合璧

旗务处主要掌管朝贺、典礼、常年例贡；旗员升调、补署、挑补兵缺、马政各事项；旗属官兵俸饷、随缺地亩、征收旗地、各项租赋、旗丁户口、职业、筹划归农；有关蒙荒、蒙务所有事宜；全省各城旗的调查统计事宜。

印章名称：旗务处军衡股戳记
印章尺寸：6.5cm×4.5cm
用印日期：光绪三十四年（1908）
印文类型：汉文

宁古塔、三姓、伯都讷、阿勒楚喀、珲春副都统裁撤后，在其各城设置旗务承办处，由省旗务处派提调 1 员，办理旗务事宜。宁古塔旗务承办处、伯都讷旗务承办处、三姓旗务承办处、阿勒楚喀旗务承办处、珲春旗务承办处于宣统元年（1909）十月相继设立。宣统二年（1910），又设立了双城旗务承办处、伊通旗务承办处、富克锦旗务承办处、五常堡旗务承办处、拉林旗务承办处、打牲乌拉旗务承办处。

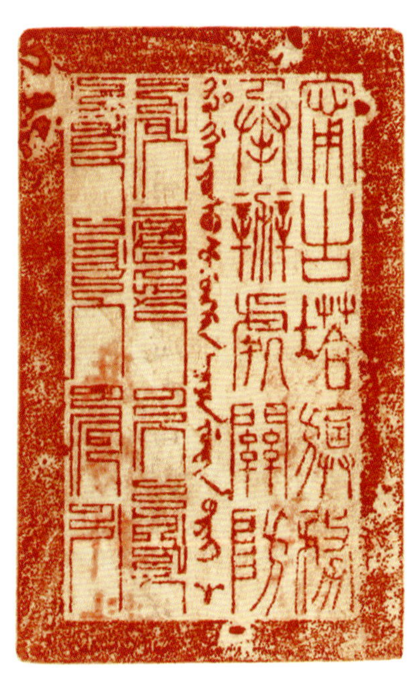

印章名称：宁古塔旗务承办处关防
印章尺寸：9 cm × 5.5 cm
用印日期：宣统元年（1909）
印文类型：满汉合璧

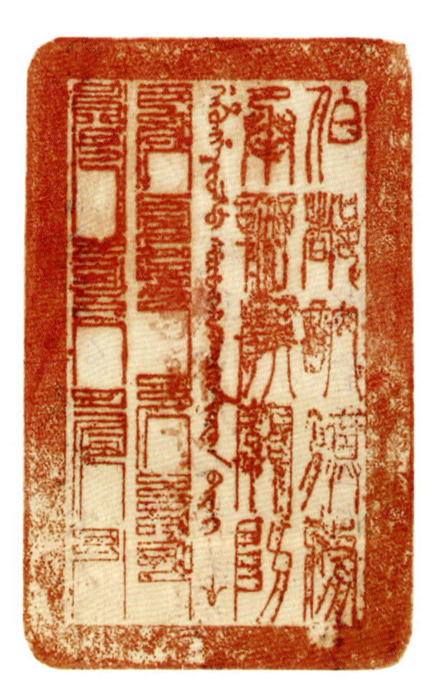

印章名称：伯都讷旗务承办处关防
印章尺寸：9 cm × 5.5 cm
用印日期：宣统三年（1911）
印文类型：满汉合璧

印章名称：三姓旗务承办处之关防
印章尺寸：9 cm×5.5 cm
用印日期：宣统二年（1910）
印文类型：满汉合璧

印章名称：阿勒楚喀旗务承办处之关防
印章尺寸：9 cm×5.5 cm
用印日期：宣统三年（1911）
印文类型：满汉合璧

印章名称：珲春旗务承办处之关防

印章尺寸：9cm×5.5cm

用印日期：宣统三年（1911）

印文类型：满汉合璧

打牲乌拉旗务承办处于宣统二年（1910）由乌拉翼领衙门与乌拉协领衙门裁并为一改设，札委正、副提调各 1 员总辖。成立之初暂借乌拉协领关防开办视事。八月十三日，刊就木质“打牲乌拉旗务承办处之关防”一颗。首任正提调为原乌拉协领庆寿，副提调为原帮办翼领笔帖式毓升。下设总务、贡品、军籍三科，总务科专司翼协两署兴革庶务、综核收支款项、收发文牍、保存公务、举办公益、筹划生计等；贡品科专司旧日翼领衙门印务处所管采捕及例行一切事宜；军籍科专司旧日协领衙门关防处甲兵差操征调承辑及例行一切事宜。

印章名称：打牲乌拉旗务承办处之关防
印章尺寸：9 cm × 5.5 cm
用印日期：宣统三年（1911）
印文类型：满汉合璧

吉林蒙务处 光绪三十四年（1908）九月，东三省合设蒙务总局于奉天（今沈阳），因吉省居三省之中，管辖之地如农安县、长岭县、长春府等均系蒙地，但因蒙务总局“距吉较远，恒以鞭长莫及”，在全省旗务处下附设蒙务处，以旗务处总理兼蒙务处总理，下设文案、庶务、会计、翻译、测绘、书记、书师各 1 人，专办涉及蒙旗一切事务。宣统三年（1911）六月裁撤。

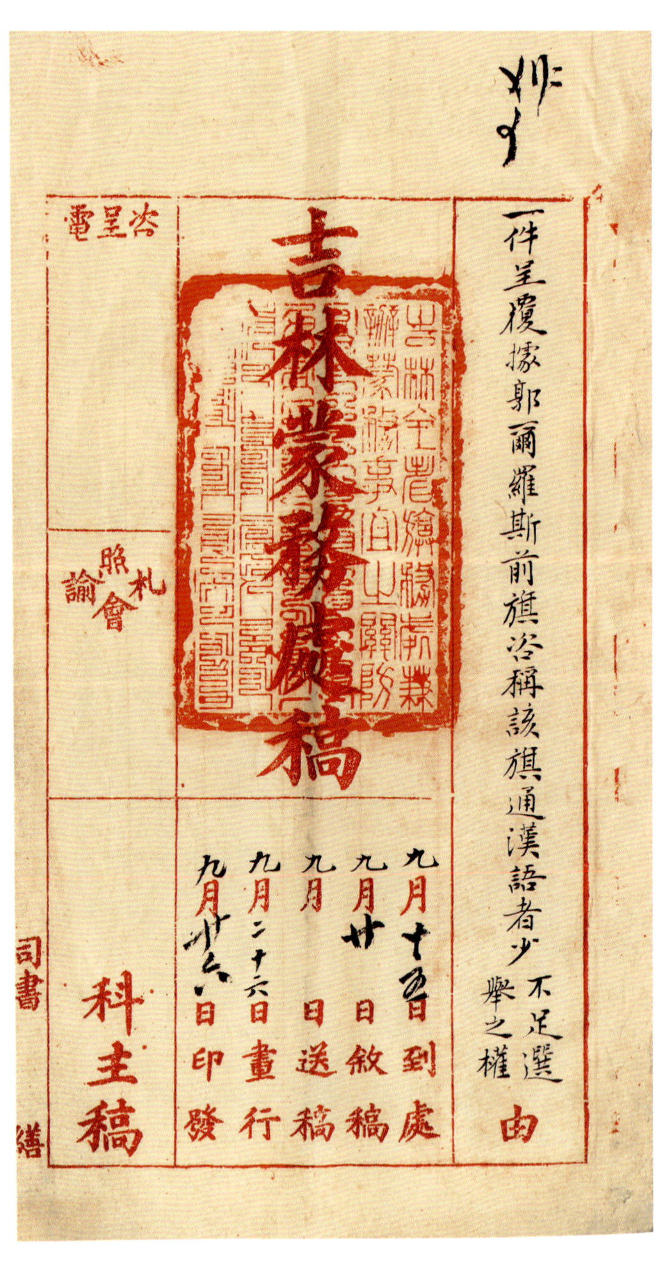
一件呈覆據郭爾羅斯前旗咨稱該旗通漢語者少不足選舉之權由

吉林蒙務處稿

九月十五日到處
九月廿日敘稿
九月 日送稿
九月二十六日畫行
九月廿八日印發

咨呈電

札會照諭

科主稿

司書繕

印章名称：吉林全省旗务处兼办蒙务事宜之关防

用印日期：宣统二年（1910）

印章尺寸：10cm×6cm

印文类型：满汉合璧

第二节 分巡兵备道

吉林设省后，光绪三十三年（1907）十二月十八日裁撤吉林分巡道。吉林巡抚朱家宝认为，吉林分巡道裁撤后，应仿内地行省官制，在省之下，府之上设道。东三省总督徐世昌也认为，吉林地方幅员辽阔，在偏远地方仍需“大员镇慑”，拟仍留道缺，即改名兵备道。光绪三十三年（1907）十二月起，吉林陆续添设了4路分巡兵备道。

四路分巡兵备道虽然责任重要，但是道并不是一级政权，其职掌在于“分巡”和“兵备”，重在办理本境中外交涉、关务、边务，加参领衔后，兼理本境内的旗务、蒙务。

一、西南路分巡兵备道

长春“居四达之冲，中外辐辏，交涉纷繁”，是东北三省中心点。日俄战后，中东铁路南满支线以长春分断南北，“两强均极注”，交涉事件繁多，为避免“事机坐失，呼应不灵”，东三省总督和吉林巡抚认为急需添设道缺，于光绪三十三年（1907）十月二十四日奏请设置吉林西路兵备道。于吉林分巡道裁撤当日，即光绪三十三年（1907）十二月十八日奉到朱批，设置吉林西路兵备道，道署驻长春。首任道员陈希贤。吉林省西路兵备道主掌交涉。宣统元年（1909）八月十二日，吉林省西路兵备道改称吉林省西南路分巡兵备道，宣统二年（1910）六月启用木质关防。道员加参领衔。巡防吉林西南一带地方，兼管长春关税、商埠和交涉事务，分巡兵备区域为吉林、长春 2 府，伊通、濛江 2 州，农安、长岭、桦甸、磐石、舒兰 5 县。

印章名称：吉林西路兵备道之关防
印章尺寸：9.5 cm×5.5 cm
用印日期：宣统元年（1909）
印文类型：汉文

印章名称：吉林分巡西南路兵备道关防
印章尺寸：9.5 cm×5.5 cm
用印日期：宣统二年（1910）
印文类型：满汉合璧

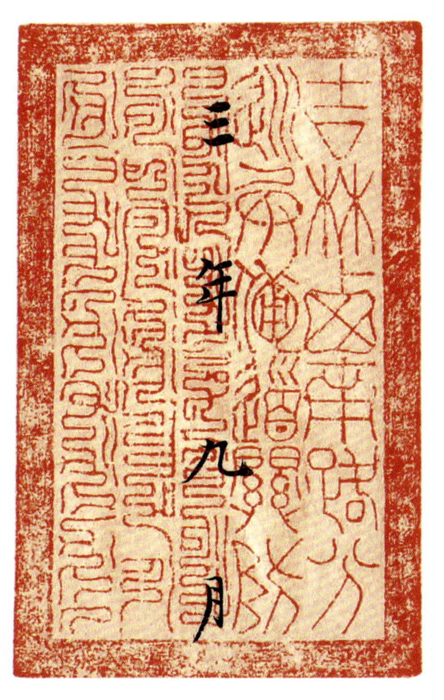

印章名称：吉林西南路分巡兵备道关防
印章尺寸：9.5 cm×5.5 cm
用印日期：宣统三年（1911）
印文类型：满汉合璧

二、西北路分巡兵备道

清末，吉林哈尔滨地方为东清铁路之中心点，“商贾云屯，行旅杂沓，华洋错处，讼狱滋繁”，光绪三十一年（1905）九月，吉林将军达桂和黑龙江将军程德全会同奏请设滨江道，委杜学瀛试署滨江道，十一月二十日朱批设置，道署驻滨江城，专办吉林黑龙江两省交涉、稽征关税。光绪三十二年（1906）四月十八日启用“哈尔滨关道兼吉江交涉事宜”关防。宣统元年（1909）八月初八，吉林滨江道改为吉林西北路分巡兵备道，巡防吉林西北一带地方，兼管哈尔滨关税及商埠交涉事宜。道员加参领衔。宣统二年（1910）六月启用木质关防。因兼办关务，又颁发“滨江关监督”关防 1 颗。分巡兵备区域为新城、双城、宾州、五常 4 府，榆树 1 厅，长寿、阿城 2 县。

印章名称：哈尔滨关道兼吉江交涉事宜关防
用印日期：光绪三十四年（1908）
印章尺寸：10.5 cm×6.5 cm
印文类型：满汉合璧

印章名称：吉林分巡西北路兵备道关防
用印日期：宣统三年（1911）
印章尺寸：9.5 cm×5.5 cm
印文类型：满汉合璧

三、东北路分巡兵备道

宣统元年（1909）八月添设吉林东北路分巡兵备道，道署驻三姓，管理依兰、密山、临江一带边务及东北沿边兵备事宜，办理依兰等处关税交涉事宜。首任道员王瑚，加参领衔。宣统二年（1910）六月启用木质关防。分巡兵备区域为依兰、临江、密山 3 府，虎林 1 厅，绥远、宝清 2 州，勃利、桦川、富锦、饶河 4 县。

印章名称：吉林分巡东北路兵备道关防
印章尺寸：9.5 cm×5.5 cm
用印日期：宣统元年（1909）
印文类型：满汉合璧

四、东南路分巡兵备道

宣统元年（1909）四月十五日添设吉林东南路分巡兵备道，道署驻珲春城，管理珲春、延吉、绥芬一带边务及东南边海兵备，并管理珲春等处关税交涉事宜。首任道员郭宗熙，加参领衔。宣统二年（1910）六月启用木质关防。分巡兵备区域为延吉、绥芬 2 府，东宁、珲春 2 厅，敦化、穆陵、额穆、汪清、和龙 5 县。

印章名称：吉林分巡东南路兵备道关防
印章尺寸：9.5 cm×5.5 cm
用印日期：宣统二年（1910）
印文类型：满汉合璧

第三节 府厅州县

光绪三十三年（1907）建立吉林行省后，东三省总督徐世昌多次奏报添设民署，至宣统三年（1911），全省新添2府2州3厅14县，改设5府2厅1州，总计11府5厅3州18县，大体上奠定了今天吉林省的规模。

一、府 治

密山府

密山，以境内蜂蜜山得名。光绪二十五年（1899）设蜂蜜山招垦局，光绪三十四年（1908）正月在蜂蜜山招垦局设密山府。

宁安府

宣统元年（1909）四月十五日，绥芬厅升为绥芬府。绥芬厅署由三岔口迁到宁古塔城，就宁古塔取义，改为宁安府，与副都统衙门同城。副都统衙门掌管满人旗务，宁安府掌管汉人民事。

印章名称：密山府印
印章尺寸：8 cm×8 cm
用印日期：宣统二年（1910）
印文类型：满汉合璧

印章名称：宁安府之关防
印章尺寸：9.5 cm×5.5 cm
用印日期：宣统三年（1911）
印文类型：汉文

双城府

宣统元年（1909），双城直隶厅升为双城府。

五常府

宣统元年（1909），五常厅升为五常府。

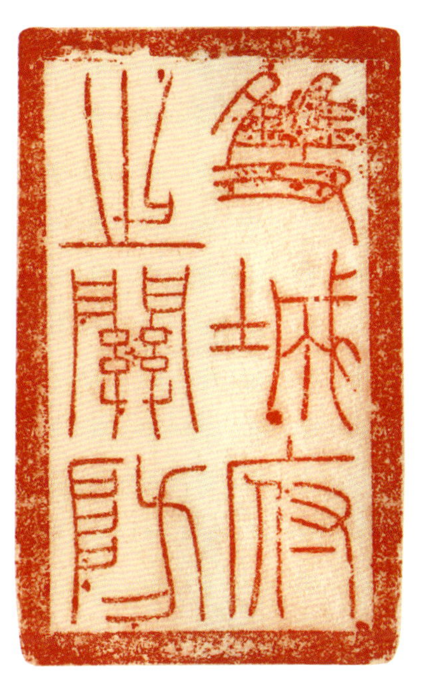

印章名称：双城府之关防
印章尺寸：9.5 cm×5.5 cm
用印日期：宣统三年（1911）
印文类型：汉文

印章名称：五常府之关防
印章尺寸：9 cm×6 cm
用印日期：宣统二年（1910）
印文类型：汉文

宾州府

宣统元年（1909），宾州直隶厅升为宾州府。

延吉府

宣统元年（1909），四月十五日延吉厅升为延吉府。

印章名称：宾州府之关防
印章尺寸：9.5cm×5.5cm
用印日期：宣统二年（1910）
印文类型：汉文

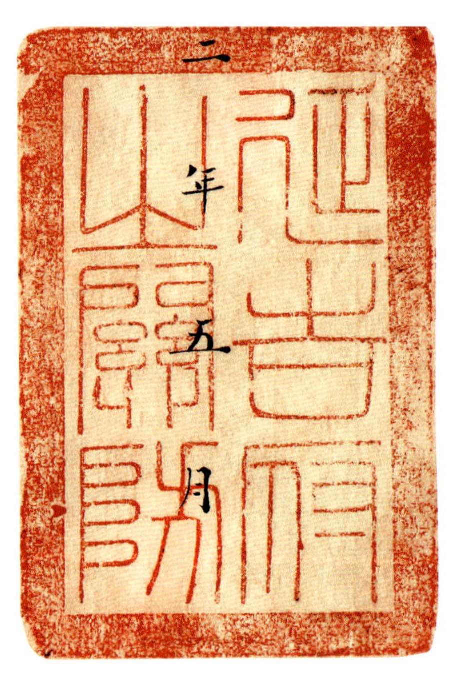

印章名称：延吉府之关防
印章尺寸：9cm×6cm
用印日期：宣统二年（1910）
印文类型：汉文

临江府

宣统元年（1909），临江州升为临江府。

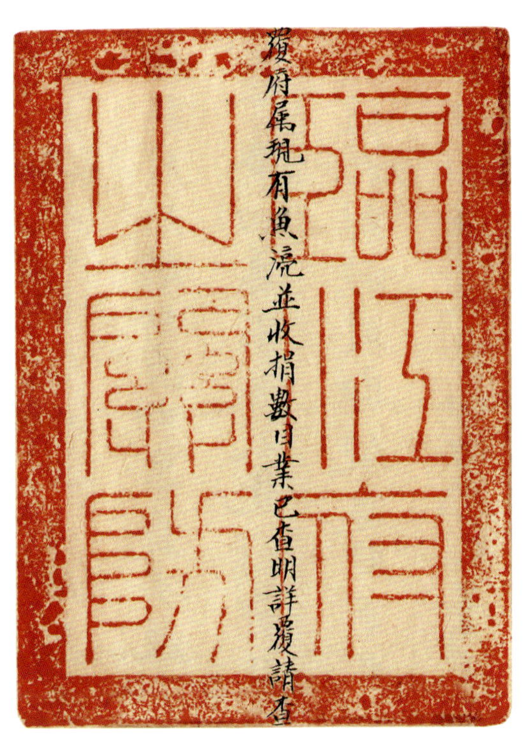

印章名称：临江府之关防
印章尺寸：8.5cm×6cm
用印日期：宣统二年（1910）
印文类型：汉文

二、厅 治

榆树直隶厅

宣统元年（1909）闰二月十九日，榆树县改为榆树直隶厅，四月十四日铸“榆树直隶厅之关防”一颗。

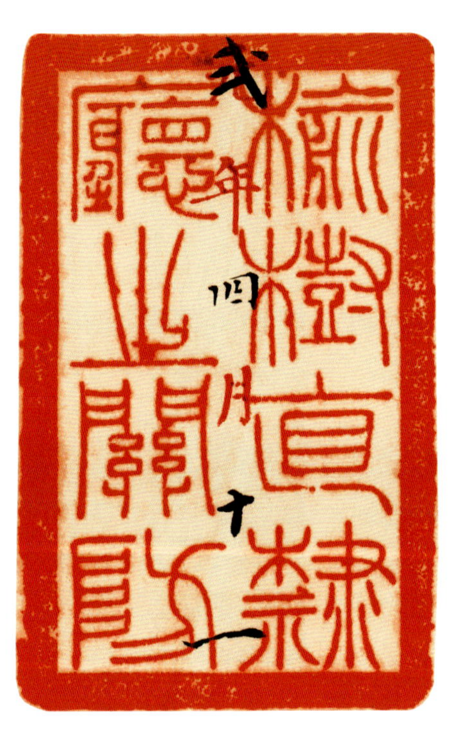

印章名称：榆树直隶厅之关防
印章尺寸：9 cm×5.5 cm
用印日期：宣统二年（1910）
印文类型：汉文

滨江厅

光绪三十三年（1907）三月初六，于傅家店（1908 年改名为傅家甸）设立滨江厅江防同知，“专理华洋交涉及命盗案件”。宣统元年（1909）四月，为加强治理，东三省总督奏请清廷，将滨江厅江防同知改称滨江厅分防同知，隶属双城府。

印章名称：滨江厅同知之关防

印章尺寸：9 cm×6 cm

用印日期：光绪三十四年（1908）

印文类型：满汉合璧

东宁厅

宣统元年（1909）四月十五日，绥芬厅升改绥芬府，府署由三岔口移驻宁古塔城，另于三岔口设置东宁厅。

印章名称：东宁厅之关防
印章尺寸：9.5 cm×5.5 cm
用印日期：宣统二年（1910）
印文类型：汉文

珲春厅

珲春古名浑蠢，源于女真语，意为边陲、边地。清初，属吉林围场封禁区域，曾设珲春协领、珲春副都统。宣统元年（1909）四月十五日裁撤珲春副都统，添设珲春厅。首任抚民同知周维桢。

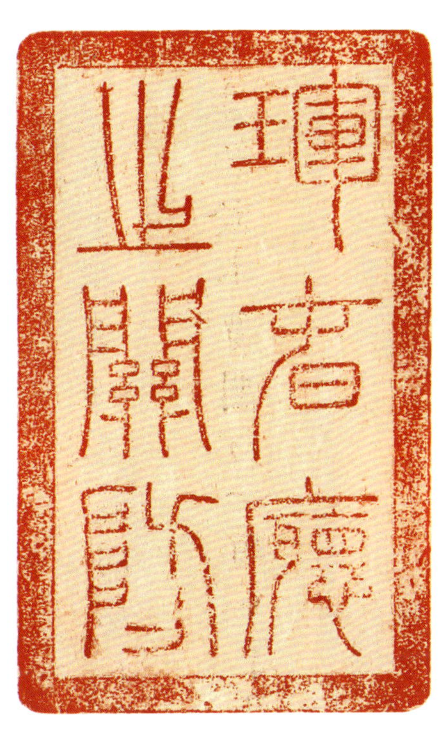

印章名称：珲春厅之关防
印章尺寸：9 cm×5.5 cm
用印日期：宣统二年（1910）
印文类型：汉文

虎林厅

光绪二十年（1894），设呢吗口山海税务局，兼理民讼与放荒。光绪二十八年（1902），在呢吗河口设招垦分局。宣统元年（1909）七月二日，设呢吗厅分防同知。宣统二年（1910）四月十八日因沿用呢吗口旧称与俄国地名伊曼难分，呢吗厅又在七虎林河之南，为“符名实，而垂久远”，呢吗厅改名为虎林厅。

印章名称：虎林厅之关防
印章尺寸：9cm×5.5cm
用印日期：宣统二年（1910）
印文类型：汉文

三、州　治

伊通直隶州

宣统元年（1909）四月十五日，伊通州改为直隶州，宣统三年（1911）四月十四日铸发印信。

绥远州

宣统元年(1909)于乌苏里江附近伊力嘎(今黑龙江省抚远县)地方置设绥远州，设治委员席庆恩。

印章名称：伊通直隶州之关防
印章尺寸：9 cm×5.5 cm
用印日期：宣统二年（1910）
印文类型：汉文

印章名称：绥远州设治委员之关防
印章尺寸：9.5 cm×5.5 cm
用印日期：宣统二年（1910）
印文类型：汉文

濛江州

清初，濛江（今靖宇县）地方属柳条边外封禁区域，境内有安楚香贡山，又名安春香贡山，为吉林将军的重要贡品之一。贡山为“禁中之禁”，旗民人等不准入境垦地和采集。光绪二十三年（1897）始办垦务，设立荒务局，招民开垦荒地。光绪三十三年（1907）十二月十八日设濛江州，首任知州曲魁福，治署设二道江。

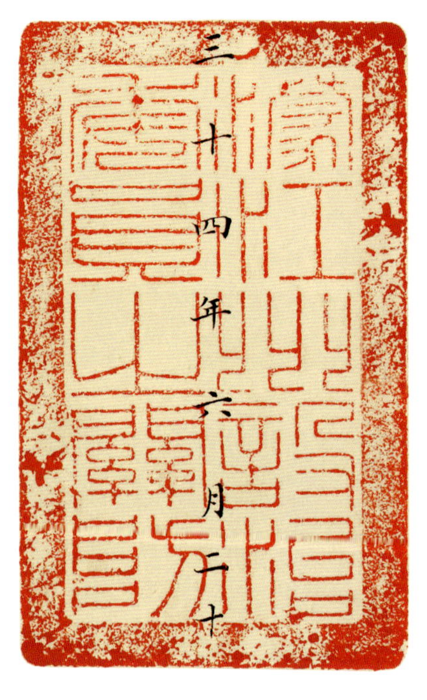

印章名称：濛江州设治委员之关防
印章尺寸：10 cm×6 cm
用印日期：光绪三十四年（1908）
印文类型：汉文

印章名称：濛江州印
印章尺寸：7 cm×7 cm
用印日期：宣统二年（1910）
印文类型：满汉合璧

四、县　治

长岭县

清初，长岭属郭尔罗斯前旗札萨克领地。自光绪朝晚期，始有民垦，渐成村落，长春府派员“经理其地”。光绪三十三年（1907）十二月二十六日置设长岭县，在伏龙泉地方成立设治委员办事处，酌派设治委员张呈泰“先行试办”。启用“长岭县设治委员之关防”。光绪三十四年（1908）设治委员办公地点由伏龙泉迁驻长岭子屯，宣统元年（1909）六月二十一日撤销长岭县设治委员，开始启用“长岭县之关防”。

印章名称：长岭县设治委员之关防
印章尺寸：10 cm×6 cm
用印日期：光绪三十四年（1908）
印文类型：汉文

桦甸县

清初，桦甸属长白山封禁区域，曾在境内设立多处“卡伦”（哨所）。同治到光绪年间，以韩效忠为首在桦甸一带垦山、淘金，名声远扬，前来投靠栖息者猛增。东三省总督和吉林巡抚认为该地“扼塞形便之处”，应当控制，对淘金人口应加以“震慑”。光绪三十三年（1907）十二月十八日在桦皮甸子添设桦甸县，李鹗年为设治委员。

印章名称：桦甸县设治委员之关防
印章尺寸：10cm×6cm
用印日期：宣统二年（1910）
印文类型：汉文

方正县

光绪三十一年（1905）设大通县，治于松花江北崇古尔库站，隶属依兰府管辖，首任知县张熙。光绪三十四年（1908）五月二十六日，朱批，仍以松花江为天然界线，“吉省汤原、大通两县所属江北地方”，“改归江省管辖”。大通县划归黑龙江省兴东道管辖。宣统元年（1909），清廷批准将大通县所属江南方正泡划出，置方正县，隶属依兰府。

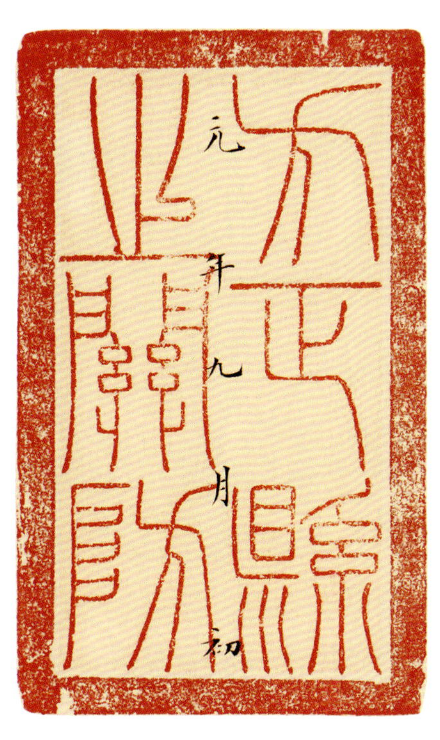

印章名称：方正县之关防
印章尺寸：9.5 cm×6 cm
用印日期：宣统元年（1909）
印文类型：汉文

舒兰县

舒兰系满语，果实之意，因境内盛产山里红得名。清初大部分地方为打牲乌拉区域，境内有四合、霍伦贡山，方圆数百里，为封禁贡山。康熙二十年（1681）在该地设巴彦额佛罗防御，管辖八旗事务和采捕皇贡事宜，隶属打牲乌拉总管衙门。宣统元年（1909），在六道荒地方成立设治局，宣统三年（1911）三月初十设舒兰县，治署驻抢坡子（今朝阳镇）。首任知县廖楚璜。

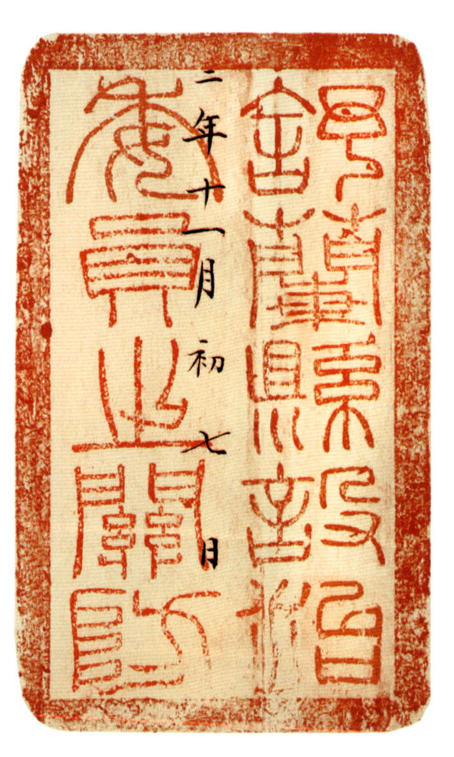

印章名称：舒兰县设治委员之关防
印章尺寸：9.5 cm × 5.5 cm
用印日期：宣统二年（1910）
印文类型：汉文

饶河县

咸丰九年（1859）设挠力河口卡伦，宣统元年（1909）置设饶河县，属密山府。

印章名称：饶河县设治委员之关防
印章尺寸：9cm×5.5cm
用印日期：宣统二年（1910）
印文类型：汉文

穆棱县

清初仍称穆伦部，光绪八年（1882）设穆棱河屯田局于钓鱼台（今穆棱镇南）。光绪九年（1883）正月改屯田局为穆棱河招垦局，移址于上城子（今兴源镇）。光绪二十四年（1898）置穆棱河分防知事，光绪二十八年（1902）设穆棱河分防知事厅，隶绥芬厅。宣统元年（1909）闰二月十九日，升穆棱河分防知事厅为穆棱县，治所驻上城子。首任知县王荣昌。

印章名称：穆棱县之关防
印章尺寸：9 cm×5.5 cm
用印日期：宣统二年（1910）
印文类型：汉文

额穆县

乾隆元年（1736）设额穆赫索罗驿站，乾隆三年（1738）设额穆赫索罗佐领，管理当地正白旗事务。宣统元年（1909）四月十五日在额穆赫索罗地方设立额穆县，首任知县王权。

印章名称：额穆县设治委员之关防
印章尺寸：9.5 cm×5.5 cm
用印日期：宣统二年（1910）
印文类型：汉文

汪清县

清初，属长白山封禁区域。宣统元年（1909）闰二月十九日，东三省总督锡良奏称：“其延吉以北之汪清河流域，荒原广袤……因拟于汪清河沿岸设一县治，并分绥芬府南境之地以附益之，名汪清县。”宣统二年（1910）析延吉、珲春设汪清设治局，首任设治委员吴勋彦。同年三月五日启用“汪清县设治委员之关防”，治所驻汪清河南的哈顺站，九月二十日县署移驻百草沟。

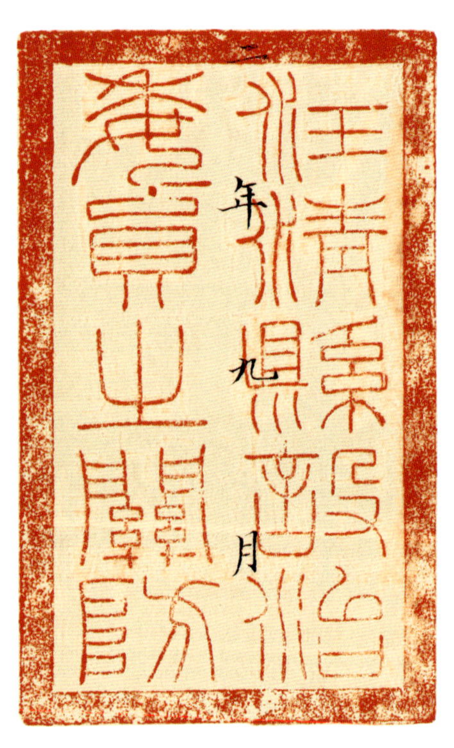

印章名称：汪清县设治委员之关防
印章尺寸：9cm×5.5cm
用印日期：宣统二年（1910）
印文类型：汉文

富锦县

原名富克锦，光绪八年（1882）始置富克锦协领，光绪三十四年（1908）设置分防巡检，宣统元年（1909）四月十五日升为富锦县，隶属临江府。

印章名称：富锦县之关防
印章尺寸：9.5 cm×5.5 cm
用印日期：宣统二年（1910）
印文类型：汉文

桦川县

宣统元年（1909）四月十五日，吉林巡抚奏准，于依兰府南境之“桦皮川”设治桦川县。经派员勘察，该地“山深林密，胡匪出没，治安难防，不宜设治”，故移至东兴镇（今佳木斯）设治。宣统二年（1910）正月二十日，桦川县设治委员到任，筹办设治事宜，二月二十五日启用关防。时逢东兴镇水灾，于同年移治悦来镇。

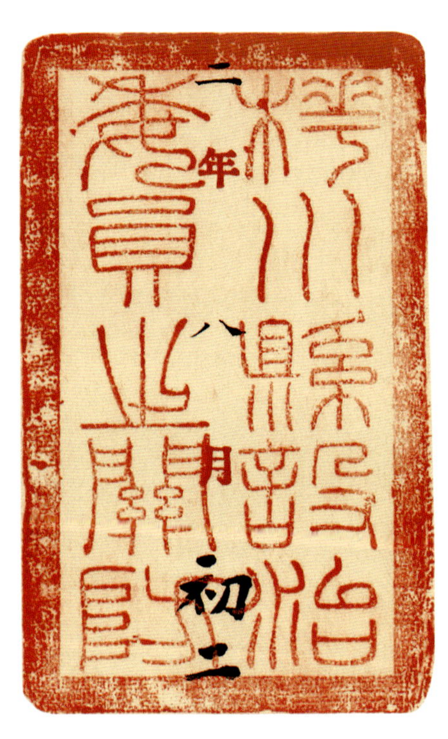

印章名称：桦川县设治委员之关防

印章尺寸：9 cm×5.5 cm

用印日期：宣统二年（1910）

印文类型：汉文

和龙县

清初，和龙属长白山封禁区域。和龙原名和龙峪（现为龙井市智新乡），又名大砬子。光绪十年（1884）在大砬子地方设通商局，办理吉林朝鲜通商事宜。光绪二十八年（1902）设和龙峪分防经历，辖图们江北境越垦区，管理垦民词讼、租赋、缉捕等事务，隶属延吉厅。宣统元年（1909）四月十五日，和龙峪分防经历升为和龙县。

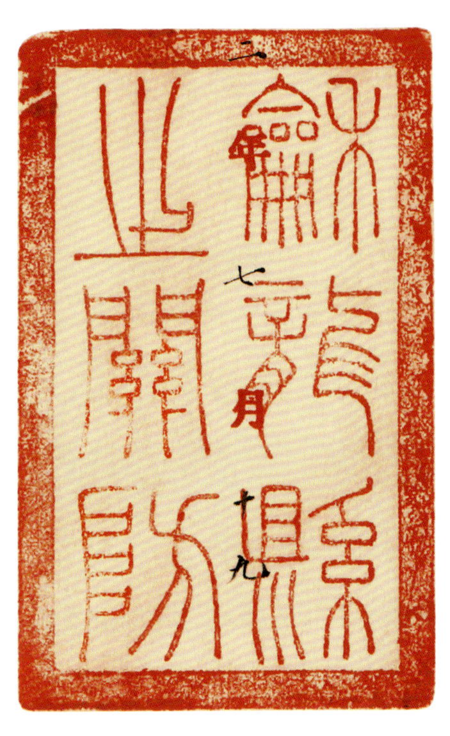

印章名称：和龙县之关防
印章尺寸：9 cm×5.5 cm
用印日期：宣统二年（1910）
印文类型：汉文

阿城县

阿城为阿勒楚喀城简称，阿勒楚喀副都统衙门所在地。宣统元年（1909）四月十五日，阿勒楚喀副都统裁撤。同年八月，奏准设置阿城县，驻阿勒楚喀城。首任设治委员谭鸿佑。

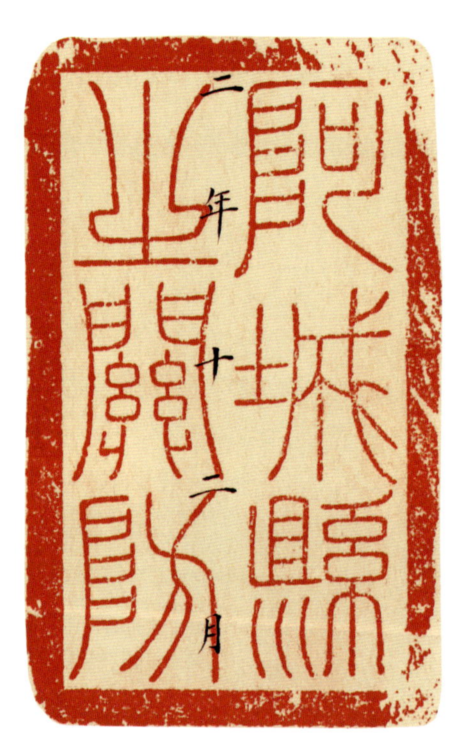

印章名称：阿城县之关防
印章尺寸：9.5 cm × 5.5 cm
用印日期：宣统二年（1910）
印文类型：汉文

德惠县

清初，德惠属郭尔罗斯前旗札萨克领地。嘉庆五年（1800）设长春厅后，在伊通河东设立沐德乡、怀惠乡。光绪十六年（1890）靠山屯分防照磨移驻朱家城子，分防怀惠乡、沐德乡民人事务。宣统二年（1910）裁朱家城子分防照磨，四月十六日添设德惠县，取沐德、怀惠两乡名之尾字，治署驻大房身，七月二十一日启用关防，隶属长春府。首任知县管尚勋。

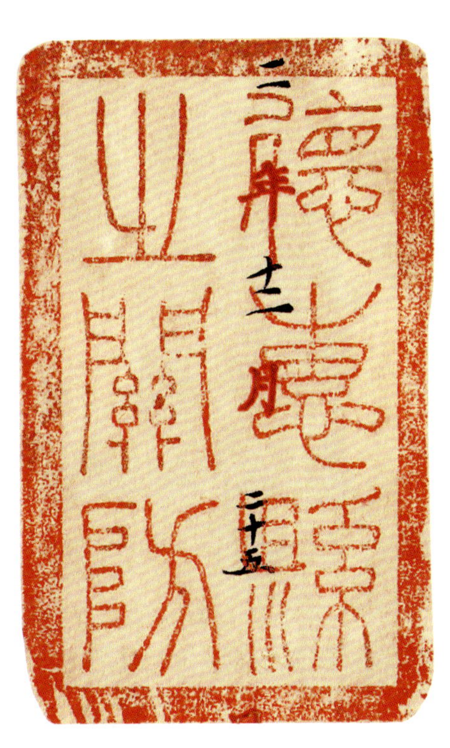

印章名称：德惠县之关防
印章尺寸：9cm×5.5cm
用印日期：宣统三年（1911）
印文类型：汉文

双阳县

清初，双阳一带属奉天府，康熙十五年（1676）归吉林将军管辖。乾隆二年（1737）在苏瓦延河南设置苏瓦延驿站，为吉林至盛京（今沈阳）的第三个驿站。宣统二年（1910）四月十六日，析岔路河以西地方设双阳县，县名即苏瓦延的转音。首任知县文信。

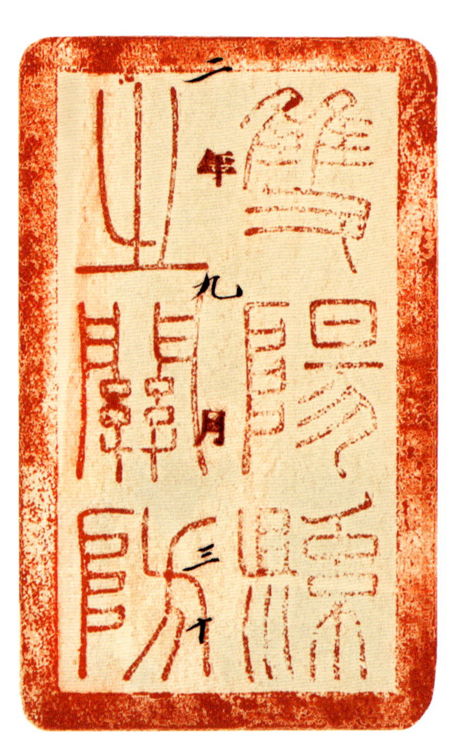

印章名称：双阳县之关防
印章尺寸：9cm×5.5cm
用印日期：宣统二年（1910）
印文类型：汉文

第四节 立宪团体

义和团运动后，民主革命思潮在全国广泛传播，资产阶级改良派为抵制革命，展开了要求实行君主立宪的立宪运动。清政府不得不采取一些姿态，应付立宪运动，挽救清朝统治的灭亡。光绪三十二年（1906）七月十三日，清廷颁发了《宣示预备立宪谕》，“预备立宪”由此而来。清末的预备立宪，主要涉及三个方面的内容，一是行政改革，包括司法改革、教育改革，其核心是官制改革；二是设立议会；三是实行地方自治。预备立宪谕旨颁布后，吉林纷纷建立立宪团体。

吉林省自治会

光绪三十二年（1906）十一月二十二日，吉林绅士松毓联络组织召开成立吉林地方自治研究会大会，与会者 100 多人，投票公举松毓为会长，庆山、文禄为副会长，此外参议 3 人，并设总务、法制、文书、会计、调查、慈善 6 课，每课举职员一二名不等。随后拟定《试办吉林地方自治研究会暂行章程》，呈报民政部、吉林将军备案，“是为自治会成立之始”。据其《试办章程》规定，该会定名为“试办吉林地方自治研究总会”，以“准备地方自治”为宗旨。该会应办之事有九：一是详细调查省情，以为筹办地方自治之准备；二是讨论本省地方所有重要问题，以求妥善办法；三是著译书籍，或以表政见，或以资常识；四是派员按日演说，提倡或赞成公益事业，并附设宣讲所、白话报，以启民智、开风气；五是向本省督抚或中央政府条陈关于本省大计之政见，以求兴革；六是赞助地方善举；七是提倡学务，促进普及教育；八是振兴实业，联络商界；九是附设本省之教育会、劝学所、宣讲所、董事会、阅报处。光绪三十三年（1907）八月二十日，试办吉林地方自治研究总会正式改名为“吉林省自治会”，自治会下设议事处和办事处，另设编辑所。吉林省自治会以吉林民政司使谢汝钦为监督，松毓为会长，庆山为副会长，孙树棠、文耆、李芳为参议。光绪三十四年（1908）十月十七日，东三省总督徐世昌与吉林巡抚陈昭常发布公告，认为吉林省自治会“乃尚未奉有部章，而研究亦未见成效，竟自谓吉林全省自治会已经成立。于营利则多方讲求，于公益则未闻举办，徒事铺张，不求实事，殊于自治义理大有不合，更与政府宗旨显相违背”，因而宣布解散该会，将吉林省地方自治事宜改归吉林咨议局筹办处一并筹办。

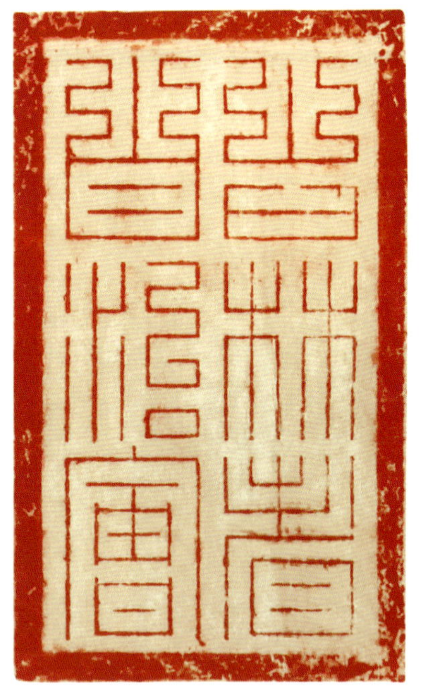

印章名称：吉林省自治会
印章尺寸：6.5 cm × 4 cm
用印日期：光绪三十三年（1907）
印文类型：汉文

吉林全省调查局

光绪三十二年（1906）十二月十六日开局试办，称吉林全省政治考察局，光绪三十三年（1907）八月改称吉林全省调查局，同年十一月初一正式开办，启用新颁关防。宣统三年（1911）二月十五日裁撤。吉林全省调查局旨在实行国事调查，考察后随时上报，以备采择，据以立宪。

吉林咨议局

光绪三十四年（1908）九月十六日设立吉林全省咨议局筹办处，附设于吉林地方自治会。宣统元年（1909）七月十七日正式成立吉林咨议局，直至延续到中华民国时期。吉林咨议局是全省议事之机关，指陈地方利弊之所。局内设议长、副议长及常驻议员等，议长由庆康担任，副议长由庆山和赵学臣分别担任。

印章名称：吉林全省调查局之关防
印章尺寸：8.5 cm×5.5 cm
用印日期：宣统二年（1910）
印文类型：满汉合璧

印章名称：吉林全省咨议局筹办处关防

印章尺寸：10 cm×6 cm

用印日期：宣统元年（1909）

印文类型：汉文

印章名称：吉林咨议局之关防

印章尺寸：10 cm×6 cm

用印日期：宣统元年（1909）

印文类型：汉文

吉林全省自治研究所

光绪三十四年（1908）十月初一开办，宣统元年（1909）九月初八，吉林自治研究所正式启用木质钤记。吉林省自治会下设机构，后期为吉林全省地方自治筹办处管理。首任监督周大烈。吉林自治研究所主要培训地方自治人员，开设法学通论、行政法、经济通论、国际公法、政治学、政治地理等课程，由各属选送士绅学习，以 4 个月为期，毕业后回各属办理地方自治。

印章名称：吉林自治研究所之钤记
印章尺寸：9cm×5.5cm
用印日期：宣统元年（1909）
印文类型：汉文

吉林全省地方自治筹办处

宣统元年（1909）九月初一成立，为筹备吉林全省自治事宜暂行设立的机关，隶属于吉林行省。宣统三年（1911）十二月裁并至民政司，设监理 1 名，以本省总督巡抚兼任；总理 1 名，由民政司使兼任。筹办处职责为考核全省各属筹办自治成绩、掌理筹设编订考证各属自治研究所规则、宣演劝道、筹备会议等，督理总管全省一切筹办自治事宜。内设机构包括总务科、考核科、讲习科、庶务科。

印章名称：吉林全省地方自治筹办处之关防

印章尺寸：10 cm×6 cm

用印日期：宣统二年（1910）

印文类型：汉文

第五节 新式陆军

光绪三十一年(1905),全国开始了军制改革,编练陆军36镇,取代八旗驻防兵。吉林新式陆军始建于光绪三十二年(1906)。陆军第三镇和陆军第二十三镇驻扎吉林省。

一、陆军第三镇

光绪三十一年(1905),因"长春府地居三省之中,日、俄铁路之交,华洋杂处,轮轴纷驰,扼险控制",经盛京将军赵尔巽奏准,北洋陆军第三镇由直隶调驻辽、吉。镇部与第五协第九标,第六协第十一标、第十二标,马队第三标,炮队第三标,工程队第三营,辎重队第三营,军乐队,同驻长春府(今长春),其他分驻省城吉林和延吉府。该镇于宣统三年(1911)九月十一日调回直隶。

印章名称：陆军第九标步队统带官关防

印章尺寸：9 cm×5.5 cm

用印日期：光绪三十三年（1907）

印文类型：汉文

二、陆军第二十三镇

宣统二年（1910）七月十九日，吉林按全国拟编新式陆军 36 镇的计划，将吉林陆军步队第一协和中、左、右、后 4 路巡防队，合编成吉林新式陆军第二十三镇，共计官兵 12523 人。其中吉林陆军部队第一协建于光绪三十二年（1906 年）六月，吉林将军达桂于“通省领催、前锋、甲兵 10934 名内，拣挑 5000 名起练常备以协”，按北洋新军营制编练，名吉林陆军第一协。据《东三省政略》载记，东北地区八旗兵丁选入新军者，始于吉林陆军部队第一协，其目兵皆“选自本省十旗五城前锋、披甲各军”。由陆军部选调北洋陆军官佐分任两标统带及参谋官、督队官、排长等职。同年七月，达桂按新军章制设立吉林陆军督练公所。

吉林巡防队建于光绪三十四年（1908）三月初一，吉林巡抚朱家宝上奏清政府，因“扑盗队应募者成份复杂”，“军营盗贼两途，均成为骁悍无赖互相屯寄之地”，故参仿新军办法，拟令改正。经清政府批准后，遂将吉林扑盗队编配为巡防队。设吉林巡防营务处、吉林督办防剿处、吉林陆防军执法处，统辖中、前、左、右、后五路巡防队，每路辖步队营和马队营，共计官兵 8349 人。

印章名称：吉林中路马步巡防队统领官关防
印章尺寸：10.5 cm×6.5 cm
用印日期：宣统二年（1910）
印文类型：汉文

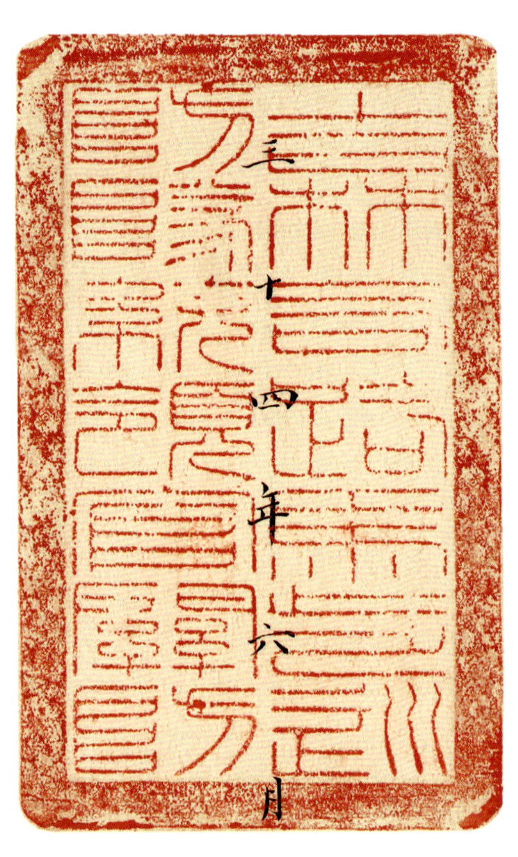

印章名称：吉林右路马步巡防队统领官关防

印章尺寸：10.5 cm×6.5 cm

用印日期：光绪三十四年（1908）

印文类型：汉文

吉林陆军第二十三镇统制为孟恩远，其序列为部队第四十五协，领第八十九标、第九十标。部队第四十六协，领第九十一标、第九十二标。炮队第二十三标、马队第二十三标、工程第二十三营、辎重第二十三营、军乐队等。东北陆军编定填防后，基本取代了驻防八旗兵，结束了延续300年的兵民合一、军政合一、耕战合一的八旗兵制度。

印章名称：陆军工程队第二十三营右队队官图记
印章尺寸：7.8 cm×4.5 cm
用印日期：宣统三年（1911）
印文类型：汉文

印章名称：陆军马队第二十三标统带官关防
印章尺寸：9 cm×5.5 cm
用印日期：宣统三年（1911）
印文类型：汉文

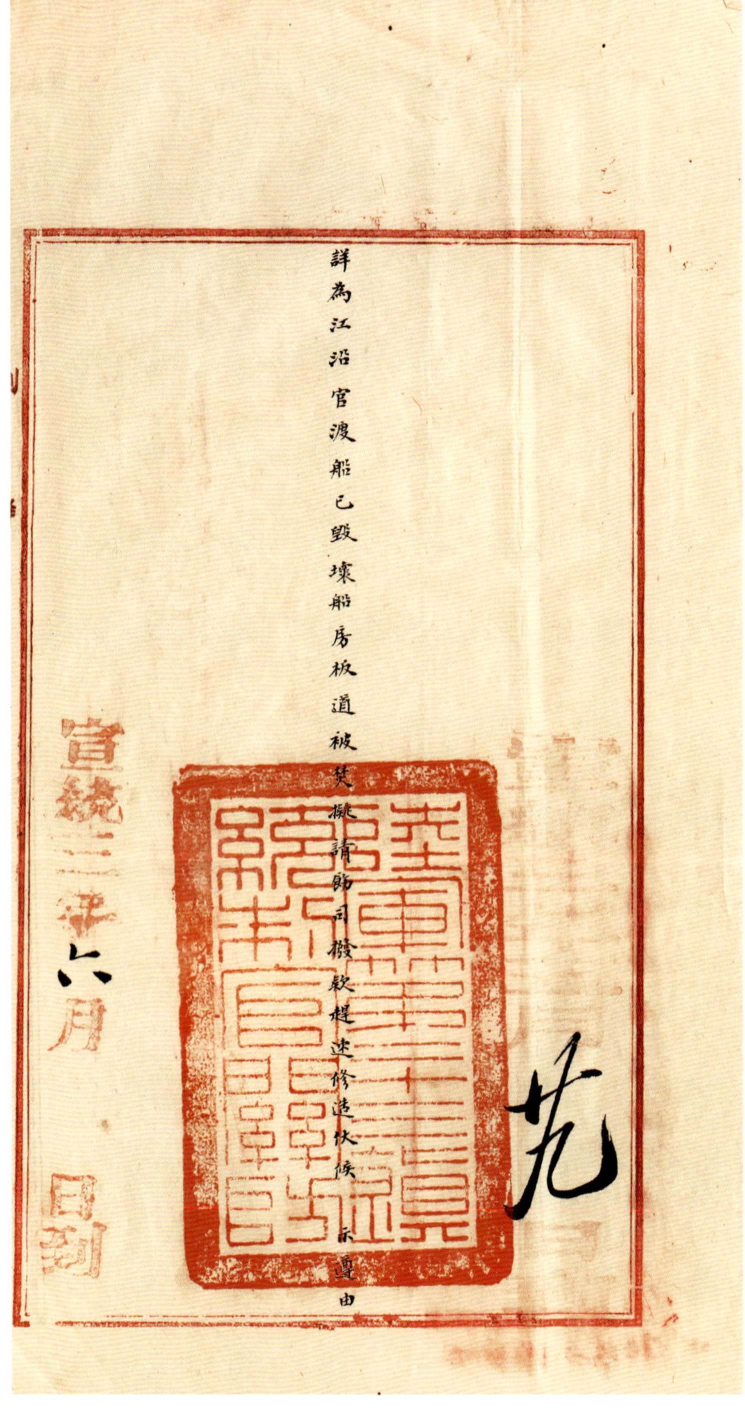
詳為江沿官渡船已毀壞船房板道被焚擬請飭司撥款趕速修造伙候示遵由

宣統三年六月　日到

陸軍第二十三鎮統制官關防

行

印章名称：陆军第二十三镇统制官关防　　印章尺寸：10cm×6.5cm

用印日期：宣统三年（1911）　　印文类型：汉文

三、吉林陆军小学堂

光绪末年，吉林、黑龙江、奉天省先后成立陆军学堂。光绪三十二年（1906）二月，吉林陆军学堂成立，刊发“行营营务处兼陆军学堂关防”。吉强军统领胡殿甲总司其事。学额 200 名，由“年青质敏志气纯正者”入堂学习，以备军官之用。并且规定，凡系世爵世职承袭人员，必须入陆军学堂学习，学习结束后方准请袭，否则减半给俸，不准补官。这样就在制度上保证了军队的素质，增强了军队的战斗力。光绪三十三年（1907）六月，宪批刊就“吉林陆军小学堂”关防，初九开用。宣统三年（1911），根据陆军部的规定，各省陆军小学堂学额一律缩减。吉林、黑龙江两省陆军小学堂归并奉天合办，名为东三省陆军小学堂。学堂名额限定吉林 40 名，学生不拘满汉，凡具有初等小学以上毕业资格者，“身体强健，相貌魁伟”均准报名应考。

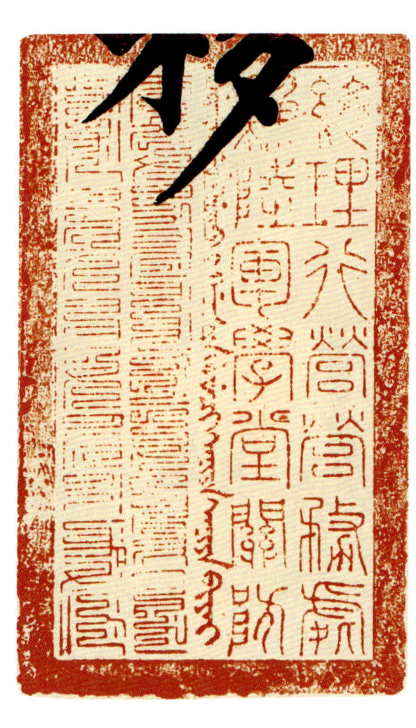

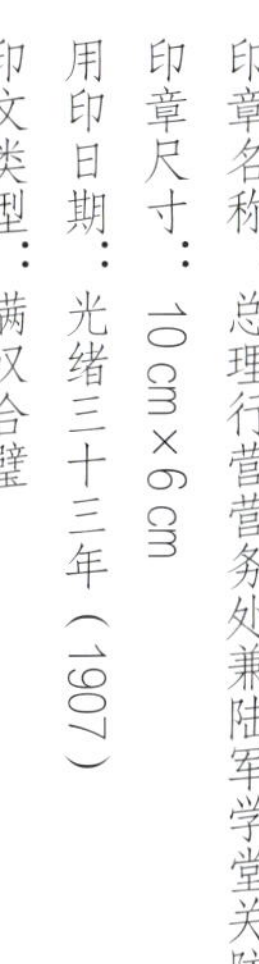

印章名称：总理行营营务处兼陆军学堂关防

印章尺寸：10 cm × 6 cm

用印日期：光绪三十三年（1907）

印文类型：满汉合璧

印章名称：总办吉林陆军小学堂之关防

印章尺寸：10 cm×6 cm

用印日期：宣统三年（1911）

印文类型：满汉合璧

四、吉林军械局

宣统三年（1911），吉林巡抚陈昭常将吉林陆军改编成镇，设立军械专局，附设修械司，备军警之需。

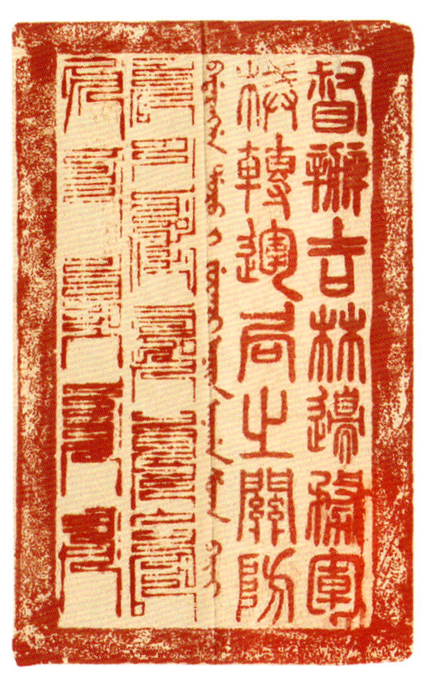

印章名称：督办吉林边务军械转运局之关防
印章尺寸：10.5 cm×6 cm
用印日期：光绪十六年（1890）
印文类型：满汉合璧

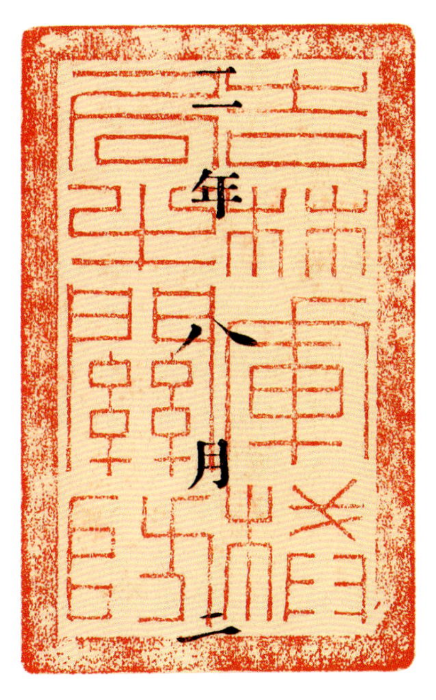

印章名称：吉林军械局之关防
印章尺寸：9 cm×5.5 cm
用印日期：宣统二年（1910）
印文类型：汉文

第六节 吉林边务公署

光绪三十三年（1907），因延吉边务交涉需要，清廷在延吉成立吉林边务公署，加强防务，捍卫主权。吉林巡抚陈昭常为吉林边务督办，吴禄贞为会办。吉林边务公署属临时性地方外事机构，兼理地方行政。清廷为使边务公署具有军事指挥权，给陈昭常加“吉林各军翼长”衔，给吴禄贞加“会办吉林巡防营务处”衔。陈昭常后被调离，吴禄贞改任为督办。吉林边务公署下设一、二、三等参谋官，及办事、秘书 2 处，书记、交涉、筹备、运输、测绘、庶务 6 科。因辖区幅员辽阔，对外交涉事务繁多，遂在东盛涌、铜佛寺、六道沟、马牌、八道沟、光界峪、和龙峪、头道沟、二道江等地设置派办处，设事务委员及翻译各 1 人。宣统二年（1910）正月二十四日，吉林边务公署裁撤。

印章名称：奏派督办吉林边务关防

印章尺寸：10 cm×6 cm

用印日期：宣统元年（1909）

印文类型：汉文

第三章 清代吉林其他各类机构简介

第一节 民政机构

吉林保甲局

清朝沿袭明朝保甲制度，在省至县设置保甲总局或保甲局，分管治安。吉林保甲局成立于光绪十七年（1891）十二月十二日，其主要职能为编查户口、治安巡查。

印章名称：总理吉林保甲局之关防
印章尺寸：9.5 cm×6 cm
用印日期：光绪十八年（1892）
印文类型：满汉合璧

吉林全省巡警总局

光绪三十一年（1905）九月始设巡警，翌年五月设吉林警务总局，九月改称吉林全省巡警总局，九月二十五日启用关防。设行政、司法、卫生、消防、工程、户籍、国际、考绩、会计、警学 10 科。光绪三十三年（1907），吉林改建行省。行省公署民政司下设警政科。光绪三十四年（1908）六月，全省巡警总局改为吉林省城巡警总局，隶属于民政司。吉林省城巡警总局设局长 1 员，提调 1 员，设总务科（下设教练所）、行政科（下设消防队）、司法科（下设警卫队、侦探队）、卫生科（下设卫生队）及 2 个分局、10 个区，委员 33 人、夫役 250 人、马巡 36 人、步巡 1048 人、弁长 126 人、司警 51 人，局址设在省城（今吉林市）通天街。自此，“吉林警政，规模始具”。其主要职责为“稽查匪类，绥靖闾阎”。宣统元年（1909 年），按《吉林省警务通则》规定，各府、厅、州、县陆续成立了巡警局。至宣统三年（1911 年），全省各府、厅、州、县全部设置了巡警机构。

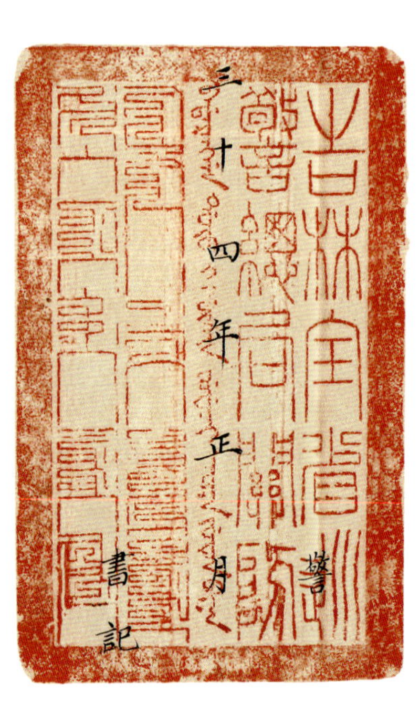

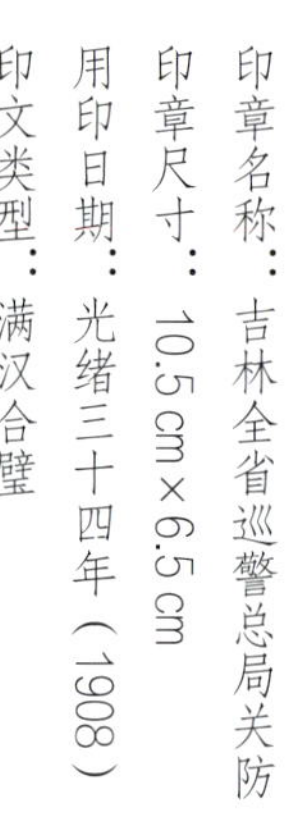

印章名称：吉林全省巡警总局关防
印章尺寸：10.5 cm×6.5 cm
用印日期：光绪三十四年（1908）
印文类型：满汉合璧

吉林禁烟公所

吉林禁烟公所前身是吉林禁烟总局。光绪三十三年（1907）十一月初九，吉林禁烟总局启用关防。光绪三十四年（1908）十二月初十，吉林禁烟总局改名为吉林禁烟公所，隶属吉林省民政司，一直延续至民国年间。内设机构：文牍处、统计处、庶务处、稽查处、调验处、官膏印花处、官膏总销处、官膏熬煮处。主要职能为禁止私种、私吸、私售鸦片。

印章名称：吉林禁烟总局关防
印章尺寸：8.5 cm × 5.5 cm
用印日期：光绪三十四年（1908）
印文类型：满汉合璧

印章名称：吉林禁烟公所关防
印章尺寸：9cm×5.5cm
用印日期：宣统元年（1909）
印文类型：汉文

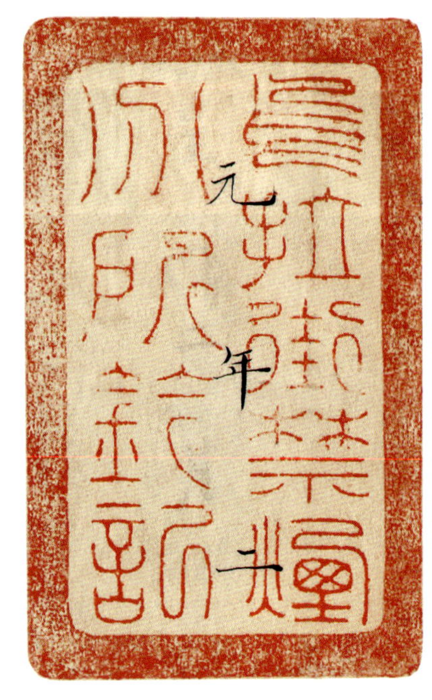

印章名称：乌拉街禁烟分所钤记
印章尺寸：8cm×5cm
用印日期：宣统元年（1909）
印文类型：汉文

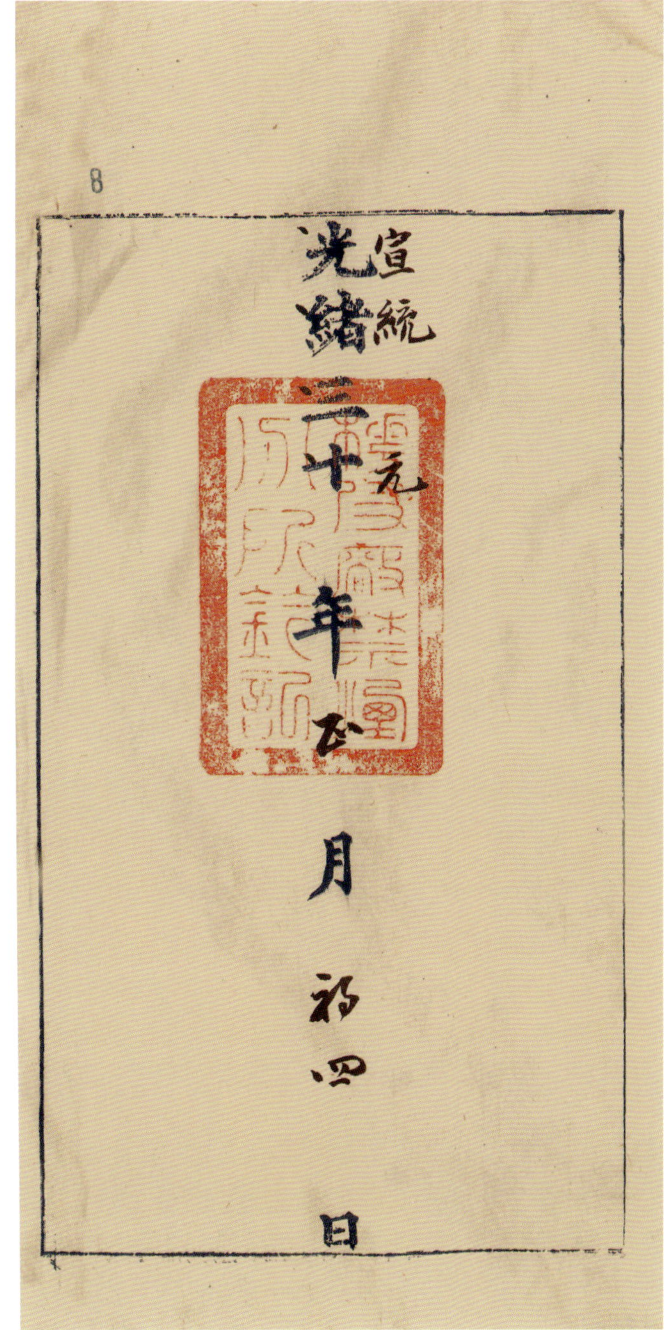

印章名称：桦皮厂禁烟分所钤记　印章尺寸：8cm×5cm
用印日期：宣统元年（1909）　印文类型：汉文

吉林防疫总局

宣统二年（1910），中国爆发了历史上最大的一次鼠疫，为了应对这次鼠疫，吉林省于宣统二年（1910）十二月二十六日成立吉林防疫总局。该局为全省防疫之总机关，专司有关防疫之内政外交各项事宜，分设防疫、诊疫各机关及全省各处防疫局。下设总办、坐办、总医官、正副提调、正副医官、医学生及文牍、庶务、会计、稽查等职。宣统三年（1911）三月二十日，吉林防疫总局并入民政司，于同年五月底正式裁撤。

印章名称：吉林全省防疫总局关防
印章尺寸：9.5 cm×5.5 cm
用印日期：宣统二年（1910）
印文类型：汉文

吉林省垣火灾善后局

宣统三年（1911）四月初十，吉林省城吉林市发生了一起特大火灾，大火烧掉了全城近三分之二的建筑物，五万多间房屋化为灰烬。吉林行省于宣统三年（1911）四月十四日设立临时机构——吉林省垣火灾善后局，民国元年（1912）三月二十九日裁撤。其主要职能是调查火灾损失，筹办赈济等善后事宜，局内设总办、会办若干人，均由民政司使邓邦述、提法司使吴涛、交涉司使辛宝慈、提学司使曹广桢、度支司使徐鼎康、劝业道道台黄悠愈、陆军第二十三镇统治官孟恩远等兼任。吉林省垣火灾善后局存续时间较短，印章以吉林省印代之。

吉林文庙工程局

光绪三十三年（1907），吉林改设行省后，巡抚朱家宝和提学司使吴鲁认为原有永吉州文庙简陋，不足崇礼，特聘江苏训导管尚莹去关内考察各地孔庙，在吉林城东莱门外另择新址（今吉林市昌邑区文庙胡同），扩地兴修，成立吉林文庙工程局专司监修。同年八月初九，吉林文庙工程局开用木质关防。宣统元年（1909）主要建筑全部竣工。

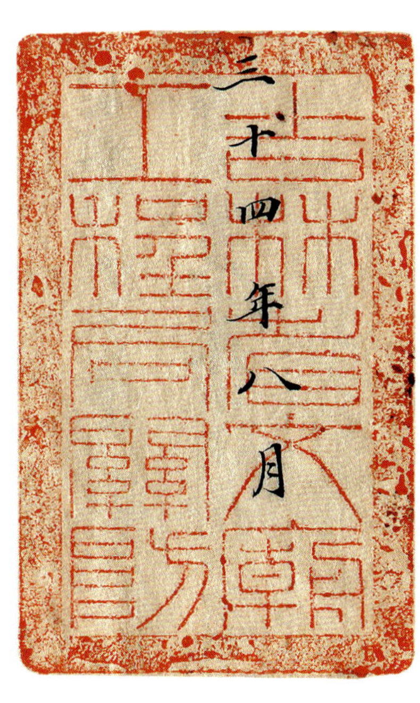

印章名称：吉林省文庙工程局关防
印章尺寸：10 cm×6 cm
用印日期：光绪三十四年（1908）
印文类型：汉文

吉林全省官膏总局

宣统元年（1909）闰二月二十四日颁发“吉林全省官膏总局”关防，并且照章开办，专卖鸦片，“凡经领照吸烟之人，均令持照赴局购烟”。

印章名称：吉林全省官膏总局关防

印章尺寸：10 cm×6.5 cm

用印日期：宣统元年（1909）

印文类型：汉文

吉林赈济局

光绪三十一年（1905），日俄战争致“各处被难人民纷纷逃避省城”，为妥为赈抚，于省城（今吉林市）德胜门外长公祠设吉林赈济局，并于东西关分设粥厂3处。刊发木质“吉林赈济局之关防”，于五月十七日开用。吉林省民政司设立后，吉林赈济局职能并入民政司。

印章名称：吉林赈济局之关防　印章尺寸：9.5cm×6cm

用印日期：光绪三十二年（1906）　印文类型：满汉合璧

第二节 教育文化机构

吉林巡警学堂

吉林巡警学堂于光绪三十二年（1906）十月初三开办，十一月初十正式开学，校址在省城（今吉林市）德胜门外。学堂设监督 1 员、教务提调 1 员、庶务提调 1 员，有职员 26 人、司书 6 人、夫役 32 人。李澍恩为监督。该学堂以为吉林全省培养巡警人员为宗旨，开设警察学、警察法、法学通论、监狱学、审判学、国际法、算学、历史、地理、操法等课程。光绪三十四年（1908）十月，改名为“吉林高等巡警学堂”。

印章名称：吉林巡警学堂关防
印章尺寸：10 cm×6 cm
用印日期：宣统元年（1909）
印文类型：满汉合璧

吉林外国语学堂

吉林外国语学堂于光绪三十三年（1907）四月开设，校址设在省城（今吉林市）。学堂以培养外交人才和翻译人才为重点，适应开放商埠和中外人员交往的需要，是吉林省第一个多语种外语学堂。设监督 1 员，首任监督为贵铎。开设日语和俄语两科。光绪三十四年（1908）四月又添设满文、蒙文两科，故改名方言学堂，于同年九月十四日启用吉林提学司刊“吉林方言学堂关防”。宣统元年（1909）五月十五日裁撤。

印章名称：吉林外国语学堂监督之关防
印章尺寸：10 cm×6 cm
用印日期：光绪三十三年（1907）
印文类型：满汉合璧

印章名称：吉林方言学堂关防
印章尺寸：9.5 cm×5.5 cm
用印日期：光绪三十四年（1908）
印文类型：汉文

吉林法政学堂

光绪三十三年（1907）十月，吉林法政馆更名为“吉林法政学堂”，刊发关防文曰“吉林法政学堂关防”，于同年十月初二开用。学堂以“养成法政思想，培养法政人才”为目的，民国初年改为“吉林公立法政专门学校”。

印章名称：奏办吉林法政馆之关防
印章尺寸：10.5 cm×6.5 cm
用印日期：光绪三十三年（1907）
印文类型：满汉合璧

印章名称：吉林法政学堂关防
印章尺寸：9.5 cm×6 cm
用印日期：光绪三十四年（1908）
印文类型：满汉合璧

吉林官立满蒙文中学堂

光绪三十四年（1908），满蒙文中学堂正式成立，中学堂以“造成能通满蒙文人才可以研究高深满蒙语文，以为升满蒙文高等学堂之预备”为宗旨。伊克塔春为学堂教务长兼学监。学堂设满、蒙两个班，每个班又分设完全班和简易班。吉林官立满蒙文中学堂最初由吉林户司管理，改设行省后，划归旗务处管理。

吉林实业学堂

吉林实业学堂光绪三十三年（1907）九月开设，“为造就实业人才，以厚民生而固本”。校址设在省城（今吉林市）东关外。陈继鹏为学堂监督。初开设预科，学额 160 名。

印章名称：吉林官立满蒙学堂关防
印章尺寸：9.5 cm×6 cm
用印日期：宣统元年（1909）
印文类型：汉文

印章名称：吉林实业学堂监督关防

印章尺寸：9.5 cm×6 cm

用印日期：光绪三十三年（1907）

印文类型：满汉合璧

吉林官报局

吉林官报局创办于光绪三十二年（1906）九月，徐崇立为总理。光绪三十四年(1908)正月二十九日，吉林官报局更名为吉林公署官报局，隶属于吉林行省公署。吉林官报局是公布本省法令、政情及辅助行政之机关，主办《吉林官报》，主要刊登省级及各行政司法衙门局处通行文件。该局内设局长1员(兼总纂)，分纂2员，文牍、庶务各1员。各府厅州县设有专人担任通信嘱托员，定期通报当地的要政时闻等。后并入吉林官书刷印局。

吉林官书刷印局

光绪三十三年八月（1907），吉林省创设官书刷印局，刊发木质关防，八月初六开用关防。

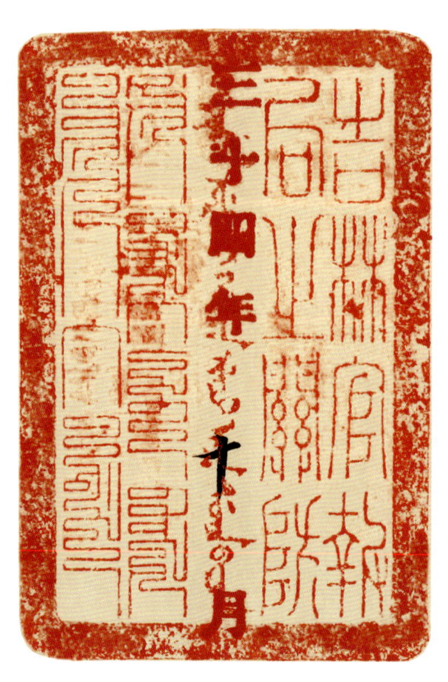

印章名称：吉林官报局之关防
印章尺寸：9.5 cm×6 cm
用印日期：光绪三十四年（1908）
印文类型：满汉合璧

印章名称：吉林官书刷印局之关防

印章尺寸：10 cm×6 cm

用印日期：宣统元年（1909）

印文类型：满汉合璧

吉林文报总局

宣统元年（1909）初成立吉林文报总局，统辖全省文报业务，在原来驿站的基础上成立60余个文报分局所。主要职能为递送官方文件及行政管理。内有局长、总务员、文案员兼文牍员、收支员、稽查员、统计员、管卷员司事、书记生等50余人，各文报分局所设文报官或文报长，归文报总局管理。民国三年（1914）夏，吉林文报业务基本结束，其职能为邮政所取代。

印章名称：吉林文报总局关防
用印日期：宣统元年（1909）
印章尺寸：10 cm×6 cm
印文类型：汉文

吉林劝学总所

光绪三十三年（1907）九月，“为了开通民智，使之进于文明，以提倡、调查为责任”，成立吉林劝学总所，刊就木质关防即“吉林劝学总所监督关防”，于九月十八日开用。设监督、会办、委员、司事及劝学员若干人。吉林劝学总所于光绪三十四年（1908）末裁撤，在各府、厅、州、县设劝学所行劝学之制。

吉林图书馆

吉林图书馆于宣统元年（1909）六月初一成立，馆址设在省城（今吉林市）通天街。设提调 1 人、正管理员 1 人、副管理员 3 人、采访员 1 人、管书司事 1 人、文牍 1 人。首任提调陈作彦。附设教育品陈列所。宣统三年（1911）省城（今吉林市）发生大火，图书馆全部图书焚烧殆尽。民国以后在省城（今吉林市）魁星楼南胡同重新建造图书馆，并更名为“吉林省立图书馆”。

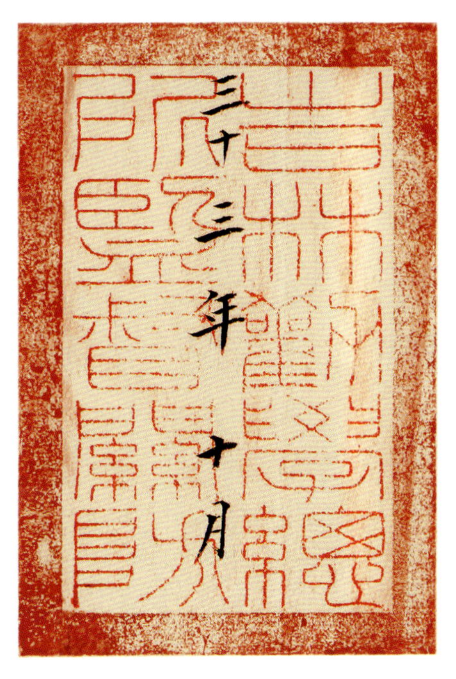

印章名称：吉林劝学总所监督关防
印章尺寸：9.5 cm×6.5 cm
用印日期：光绪三十三年（1907）
印文类型：汉文

印章名称：吉林图书馆之钤记
印章尺寸：9cm×5cm
用印日期：宣统元年（1909）
印文类型：汉文

第三节 财税机构

吉林永衡官银钱号

吉林永衡官银钱号由咸丰年间开设的吉林通济官钱铺、光绪二十四年（1898）设立的永衡官帖局及下设官钱局演变而来，宣统元年（1909）八月更名为吉林永衡官银钱号，是吉林省代表政府发行纸币的机构。“‘永衡’二字意义，即使币价跻于平衡，永不动摇之谓也。”吉林永衡官银钱号总号设在省城（今吉林市）西大街，置总办 1 人、会办 2 人、经理 4 人。分设行政、营业 2 部。吉林永衡官银钱号一直延续到 1932 年 7 月，被伪满洲中央银行所吞并。

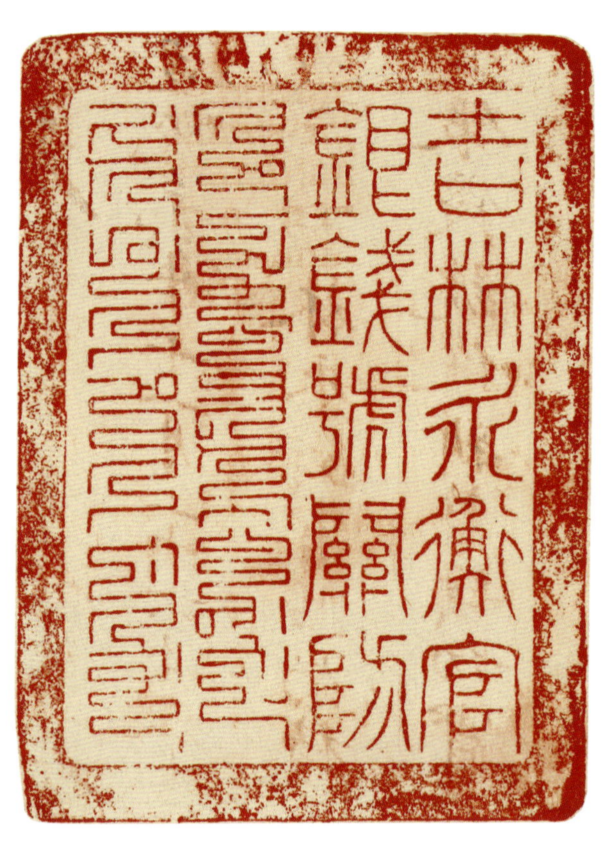

印章名称：吉林永衡官银钱号关防
印章尺寸：10 cm × 7 cm
用印日期：宣统元年（1909）
印文类型：满汉合璧

吉林烟酒木税局

吉林烟酒木税局于同治四年（1865）设立，负责征收烟酒木税，借用吉林将军税务总局关防。

印章名称：吉林将军税务总局关防
印章尺寸：8.5 cm × 5.5 cm
用印日期：光绪三十二年（1906）
印文类型：满汉合璧

吉林宝吉钱局

吉林宝吉钱局于光绪十二年（1886）设立，局址在省城（今吉林市）迎恩门里，主要业务为铸造制钱。光绪三十四年（1908）并入吉林制造银圆局。

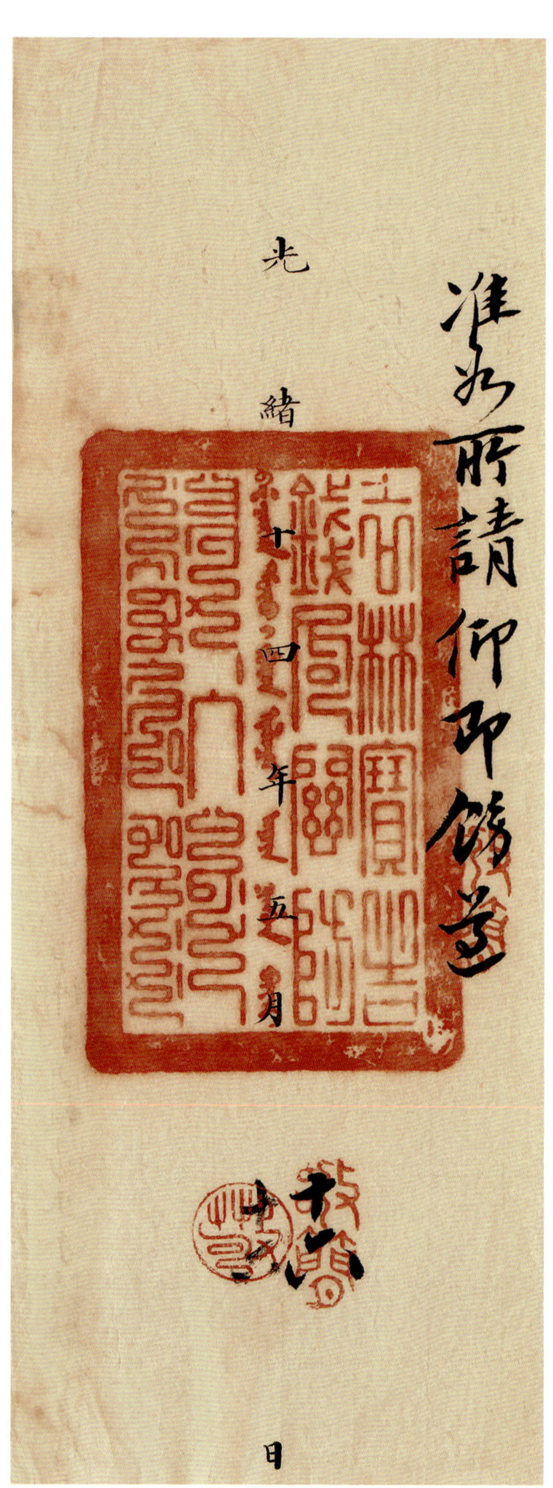
准如所請仰即飭遵

光緒十四年五月十六日

印章名称：吉林宝吉钱局关防

用印日期：光绪十四年（1888）

印章尺寸：10 cm×7 cm

印文类型：满汉合璧

吉林制造银圆局

光绪二十六年（1900），吉林机器局改为制造银圆局，专铸银圆。

吉林全省清理财政局

吉林全省清理财政局于宣统元年（1909）五月十一日成立，宣统三年（1911）十二月初一裁撤。隶属于中央度支部和吉林省度支司。其主要职能是稽核全省财务出入确数，改良收支方法，调查全省财政沿革利弊，以维护全省财政之统一。局内主要官员为监理、副监理、总办，由中央度支部委派。内设机构为编辑科、审核科、庶务科。

印章名称：吉林全省清理财政局之关防
印章尺寸：10 cm × 6 cm
用印日期：宣统元年（1909）
印文类型：汉文

吉林度量权衡局

吉林度量权衡局于光绪三十四年（1908）十二月十二日成立并启用关防。承督抚之命督察各地方管理度量权衡事宜。主要职能是调查度量权衡的旧有器具，制造推广新器具，并监督检查度量权衡各器的使用，统一度量权衡之专责。设局长 1 员，下设提调、文牍、会计、庶务、调查兼差遣委员、会计长各 1 员。

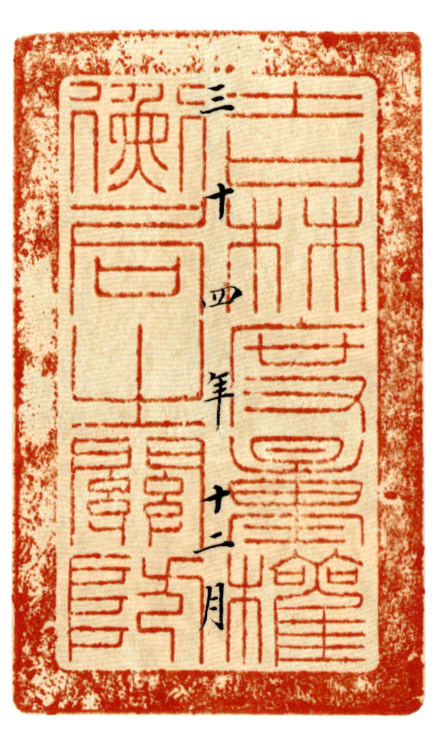

印章名称：吉林度量权衡局之关防
印章尺寸：10 cm×6 cm
用印日期：光绪三十四年（1908）
印文类型：汉文

吉林全省饷捐总局

光绪十八年（1892）设吉林厘捐局。光绪二十七年（1901）五月设吉林筹饷总局。光绪三十二年（1906）六月，吉林厘捐局和吉林筹饷总局两局归并为一，名为吉林全省饷捐总局，七月初八正式开办。吉林全省饷捐总局隶属于吉林户司，其主要职能是征收房捐、盐捐、缸捐、灯捐、煤捐、彩票公司捐等以济饷捐。光绪三十四年（1908）二月，吉林全省饷捐总局裁撤，归吉林省度支司管理。

印章名称：吉林全省厘捐总局关防

印章尺寸：11 cm×8 cm

用印日期：光绪二十二年（1896）

印文类型：满汉合璧

印章名称：吉林筹饷总局关防
印章尺寸：11.5 cm×6.5 cm
用印日期：光绪三十二年（1906）
印文类型：满汉合璧

印章名称：吉林饷捐总局关防
印章尺寸：10 cm×6 cm
用印日期：光绪三十三年（1907）
印文类型：满汉合璧

吉林全省官运总局

日俄战争之后，吉林成为日俄两国争夺盐利之地，为“外保国权，内保国课”，吉林行省于光绪三十四年（1908）三月初七设立吉林全省官运总局，十六日开用关防。吉林全省官运总局为全省盐政之总机关，办理全省官运商销盐务事宜。设提调 1 员，以张弧委任。在长春、阿什河、宁古塔、双城等地开设分局，营口开设采运局。

印章名称：吉林全省官运总局关防
印章尺寸：10 cm×6 cm
用印日期：宣统元年（1909）
印文类型：汉文

第四节 司法机构

吉林国民保安公会

吉林国民保安公会于宣统三年（1911）十月二十日专为维持吉林地方秩序而设置，内设机构有内政部、军事部、财政部、教育部、劝业部、军政部、交通部、执法部。吉林巡抚陈昭常任国民保安公会会长。民国元年（1912）二月二十九日，陈昭常下令取消“于去冬大局未定而设立”的保安公会。

印章名称：吉林保安公会财政部之关防
印章尺寸：9cm×7cm
用印日期：宣统三年（1911）
印文类型：汉文

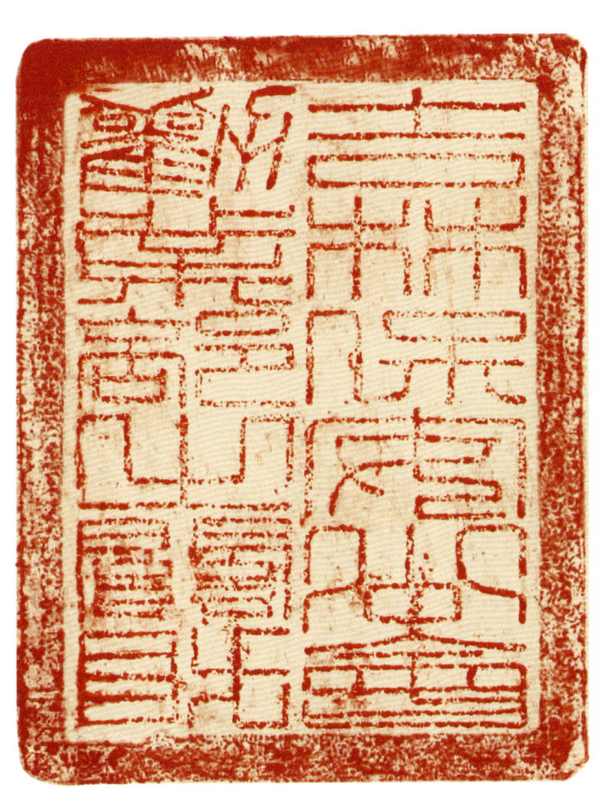

印章名称：吉林保安公会劝业部之关防

印章尺寸：9 cm×7 cm

用印日期：宣统三年（1911）

印文类型：汉文

吉林省高等审判厅

吉林省高等审判厅于光绪三十四年（1908）五月初一设立，掌审理民、刑上诉案件。设厅丞 1 员，民科推事、刑科推事各 3 员等。隶属吉林省提法司。吉林府地方审判厅、吉林府第一初级审判厅、吉林府第二初级审判厅同时设立，各地审判厅陆续设立。

印章名称：吉林省高等审判厅关防
印章尺寸：9.5 cm×6 cm
用印日期：光绪三十四年（1908）
印文类型：满汉合璧

印章名称：吉林省高等审判厅印
印章尺寸：8 cm×8 cm
用印日期：宣统三年（1911）
印文类型：满汉合璧

印章名称：吉林府地方审判厅关防

印章尺寸：9.5 cm×6 cm

用印日期：光绪三十四年（1908）

印文类型：汉文

印章名称：吉林省地方审判厅看守所之钤记

印章尺寸：9 cm×5.5 cm

用印日期：光绪三十四年（1908）

印文类型：汉文

吉林省高等检察厅

吉林省高等检察厅于光绪三十四年（1908）五月初一设立，负监视、裁判、搜查、逮捕及刑事执行各责任。设检察长 1 员、检察官 2 员、行走检察官 1 员等。隶属吉林省提法司。吉林府地方检察厅、吉林府第一初级检察厅、吉林府第二初级检察厅同时设立，各地检察厅陆续设立。

印章名称：吉林省高等检察厅关防
印章尺寸：10 cm×6 cm
用印日期：光绪三十四年（1908）
印文类型：汉文

印章名称：长春府地方检察厅关防
印章尺寸：9.5 cm × 6 cm
用印日期：宣统元年（1909）
印文类型：汉文

印章名称：吉林府第一初级检察厅关防
印章尺寸：8.5 cm × 5.5 cm
用印日期：宣统元年（1909）
印文类型：汉文

第五节 实业机构

吉林清赋放荒总局

吉林清赋放荒总局于光绪二十八年（1902）正月成立，前身为吉林荒务总局，专司旗地升科、清丈浮多地及办理民地招垦、清赋等事务。总局设在省城（今吉林市），另在伊通、延吉、敦化等处设立分局。光绪三十四年（1908）正月初十归吉林省劝业道管理。

印章名称：奏派总办吉林清赋放荒关防
印章尺寸：10 cm×6.5 cm
用印日期：光绪三十二年（1906）
印文类型：满汉合璧

印章名称：总查吉林荒地委员关防

印章尺寸：9.5 cm×5.5 cm

用印日期：光绪六年（1880）

印文类型：满汉合璧

吉林农务总会

吉林农务总会于宣统元年（1909）九月初八设立，隶属吉林省劝业道，以“开通智识、改良种植、联系社会”为宗旨。设总理 1 员、协理 1 员、会董 30 员。

吉林山蚕局

吉林山蚕局于光绪三十三年（1907）十月成立，主要职能是推广养蚕、放蚕收茧，并在依兰、伊通、磐石设有分局。吉林山蚕局内设委员 2 员，许鹏翊、王翼之为山蚕委员。宣统元年（1909）四月，山蚕局与桑蚕局合并为蚕业总局。民国元年（1912）三月并入吉林农事试验场桑蚕课内。

印章名称：吉林农务总会关防
印章尺寸：9.5 cm×6 cm
用印日期：宣统三年（1911）
印文类型：汉文

印章名称：试办吉林山蚕图记
印章尺寸：6.5 cm×4 cm
用印日期：宣统元年（1909）
印文类型：汉文

吉林桑蚕局

吉林桑蚕局于光绪三十三年（1907）十月二十二日设立并启用关防，以种植桑树饲养家蚕、招收和培训学员、推广蚕桑丝织技术等事项为主要职能。吉林桑蚕局设委员 1 名，傅毓湘为桑蚕委员。宣统元年（1909）四月，桑蚕局与山蚕局合并为蚕业总局。民国元年（1912）三月并入吉林农事试验场桑蚕课内。

吉林商务总会

光绪三十三年（1907）九月，吉林商务总会于省城（今吉林市）设立，由商业会议公所改设，总理松毓，协理牛翰章。十月十五日开用关防。

印章名称：试办吉林桑蚕图记
印章尺寸：6.5 cm × 4 cm
用印日期：光绪三十四年（1908）
印文类型：汉文

印章名称：吉林商务总会关防
印章尺寸：9.5 cm × 6 cm
用印日期：宣统元年（1909）
印文类型：汉文

吉林农事试验场

光绪三十四年（1908）三月，在吉林江南龙王庙官地设立农事试验场，以“启导农业知识、改良农业方法、增殖物产”为宗旨，隶属于吉林省劝业道，四月二十三日启用关防。内设机构为树艺科、园艺科、畜牧科、蚕桑科、编辑科、庶务科、调查科。设监督1员，胡宗瀛为监督。

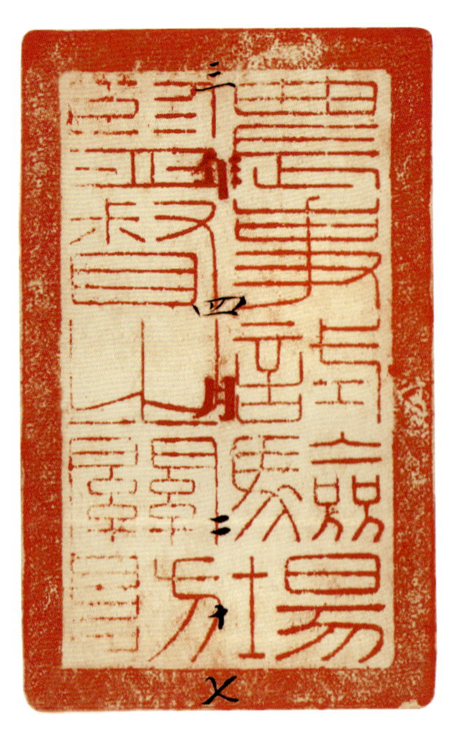

印章名称：农事试验场监督之关防
印章尺寸：10 cm×6 cm
用印日期：宣统三年（1911）
印文类型：汉文

吉林官轮局

吉林官轮局于光绪三十四年（1908）二月设立，主要职能为购置轮船，从事客货营运，以抵制俄国在松花江上的航运权，挽回国家利权。吉林官轮局总局设在哈尔滨，省城吉林设有分局。归吉林劝业道管理，王鸿藻为承办委员。

印章名称：吉林官轮局之钤记
印章尺寸：9cm×5.5cm
用印日期：光绪三十四年（1908）
印文类型：汉文

吉林官办电灯处

吉林官办电灯处前身为光绪三十三年（1907）十月创办的吉林宝华电灯公司，光绪三十四年（1908）秋改商办为官办电灯处，负责电灯安设、灯费收取等事宜。设坐办 1 员、总稽查 1 员等，内设总务科，下设文牍、司料、收支、售灯 4 股。归吉林劝业道督理。

印章名称：吉林官办电灯处之关防
印章尺寸：9.5 cm×5.5 cm
用印日期：宣统元年（1909）
印文类型：汉文

印章名称：吉林官办电灯处之图记
印章尺寸：9.5 cm×5.5 cm
用印日期：光绪三十四年（1908）
印文类型：汉文

吉林旗务工厂

吉林旗务工厂创设于光绪三十四年（1908）九月初七，宣统元年（1909）七月十四日启用关防。位于省城迎恩门外水师营颜料库（今吉林市毓文中学附近），以“筹计旗人生计，提倡工艺，养成各项工师，普及吉省全旗”为宗旨。工厂初设 5 科，后增至 6 科，即革工科、金工科、织工科、染工科、纫工科、木工科。苑贵令任厂长，孔广麟充副厂长。在省城（今吉林市）河南街及天津设立“旗务处工厂分售所”和“吉林旗务处工厂转运所”。

印章名称：吉林旗务处工厂之关防

印章尺寸：9.5 cm × 5.5 cm

用印日期：宣统二年（1910）

印文类型：汉文

吉林实习工厂

吉林实习工厂始创于光绪三十四年（1908），建于当时吉林省城（今吉林市）松花江南岸。吉林实习工厂是一座综合性的工厂，以“挽利权、谋抵制、业工艺、厚民生”为宗旨，设有机织科、染色科、木工科、造纸科、烛皂科、制毯科、缫丝科、杂艺科。各科都由内地招聘工匠、工师，负责本科技艺的传授，由全省各府、厅、州、县招收艺徒 150 名，后又增至 200 余名。吉林实习工厂由监督负总责，首任监督万邦宪，下设稽查、文牍、监造、庶务、会计、司事等管理人员。

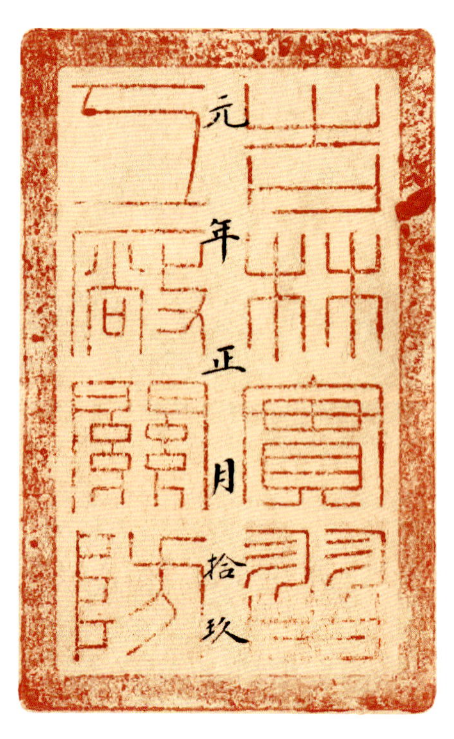

印章名称：吉林实习工厂关防
印章尺寸：10 cm × 6 cm
用印日期：宣统元年（1909）
印文类型：汉文

吉林全省林业总局

吉林全省林业总局于光绪三十三年（1907）九月十一日创办并启用关防。归吉林省劝业道管辖。局内设局长、文案司事、收支委员、收支书识、材料厂司事等，局长为张鹏，下设四合川、土山两个林业分局。其主要职能为调查、管理全省林务，计划采伐，设厂售木，收取木价等事宜。宣统三年（1911）七月裁撤。

印章名称：吉林全省林业总局关防
印章尺寸：10 cm×6 cm
用印日期：光绪三十四年（1908）
印文类型：汉文

印章名称：四合川林业分局之钤记
印章尺寸：9 cm×5.5 cm
用印日期：光绪三十四年（1908）
印文类型：汉文

吉林垦矿局

光绪二十二年（1896）九月，为勘蕴梨厂、方正泡等处荒场，宁古塔、珲春等处矿物，在省城（今吉林市）设垦矿局，颁发木质“总办吉林垦矿局事务之关防”，于十一月二十二日开用。

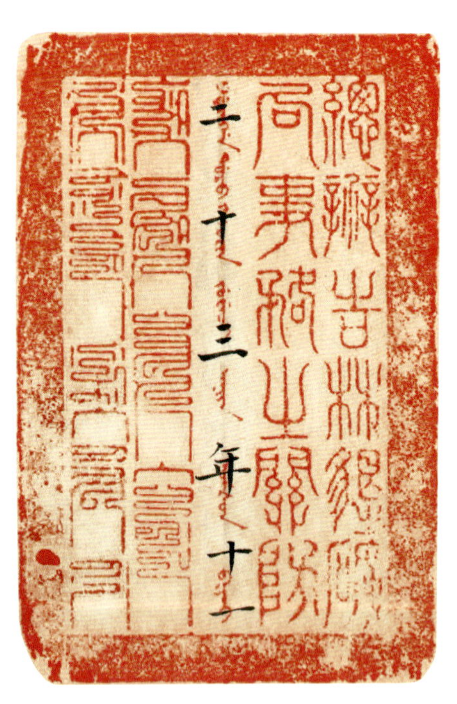

印章名称：总办吉林垦矿局事务之关防
印章尺寸：9.5 cm×6 cm
用印日期：光绪二十三年（1897）
印文类型：满汉合璧

吉林全省矿务公司

光绪二十一年（1895），为“上裕国课，下利民生”，先后在三姓、吉林、宁古塔、珲春等处开设矿务公司，专司五金之矿，招商集股。光绪二十五年（1899），因三姓成效显著，通省矿务归并三姓办理，颁发木质“总办三姓等处矿务关防”。因与全省字样不符，光绪二十六年（1900）正月，改刊“总办吉林全省矿务公司关防”，正月十九日启用。吉林全省矿务公司首任总办为宋春鳌。

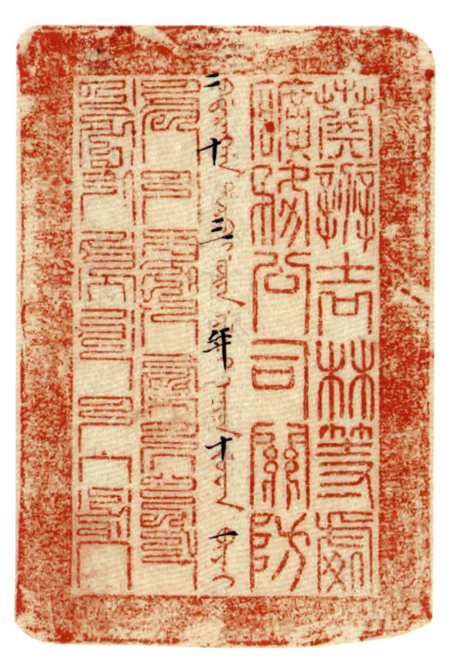

印章名称：奏办吉林等处矿务公司关防
印章尺寸：9 cm×6 cm
用印日期：光绪二十三年（1897）
印文类型：满汉合璧

印章名称：总办吉林全省矿务公司关防
印章尺寸：10.5 cm×6.5 cm
用印日期：光绪二十六年（1900）
印文类型：满汉合璧

印章名称：总办吉林三姓等处矿务关防
印章尺寸：11 cm×6.5 cm
用印日期：光绪二十六年（1900）
印文类型：汉文

吉林矿政调查局

为振兴矿务，光绪三十四年（1908）二月初一创设矿政调查局，隶属于吉林省劝业道。三月二十一日正式启用关防。内设机构有文牍课、会计课、庶务课、调查课、测绘课、分析课。其主要职能为调查勘探省内各地矿产，组织开采，颁发采矿执照等。设帮办 1 员，曹廷杰为帮办。

印章名称：吉林矿政调查局之关防

印章尺寸：10 cm×6 cm

用印日期：宣统元年（1909）

印文类型：汉文

参考书目

徐世昌，等．东三省政略 [M]. 长春：吉林文史出版社，1989.

胡忠良．清代公务印章图说 [M]. 桂林：广西师范大学出版社，2014.

吉林省地方志编纂委员会．吉林省志·政府志 [M]. 长春：吉林人民出版社，2003.

吉林省地方志编纂委员会．吉林省志·建制沿革志 [M]. 长春：吉林人民出版社，2005.

吉林省地方志编纂委员会．吉林省志·军事志 [M]. 长春：吉林人民出版社，2003.

吉林省地方志编纂委员会．吉林省志·教育志 [M]. 长春：吉林人民出版社，2003.

吉林省地方志编纂委员会．吉林省志·金融志 [M]. 长春：吉林人民出版社，2003.

吉林省地方志编纂委员会．吉林省志·外事志 [M]. 长春：吉林人民出版社，2003.

哈尔滨市地方志编纂委员会．哈尔滨市志·总述 [M]. 哈尔滨：黑龙江人民出版社，2000.

潘景隆，田志和．吉林建置沿革概述 [M]. 长春：吉林人民出版社，1990.

吉林省档案馆，吉林市龙潭区档案馆．打牲乌拉三百年 [M]. 长春：吉林大学出版社，2012.

吉林省档案馆．清代吉林档案史料选编·工业 [Z]. 长春：吉林省档案馆内部资料，1983.

吉林省档案馆．清代吉林档案史料选编·蚕业 [Z]. 长春：吉林省档案馆内部资料，1983.

李澍田．清代东北参务·清代吉林盐政 [M]. 长春：吉林文史出版社，1991.

潘景隆，张璇如．吉林旗人生计 [M]. 天津：天津古籍出版社，1991.

潘景隆，张璇如．吉林贡品 [M]. 天津：天津古籍出版社，1992.

潘景隆，张璇如．吉林军事 [M]. 天津古籍出版社，1993.

杨光浴．吉林省地名词典 [M]. 北京：商务印书馆，1994.